Get It Korean Reading

이정희 | 김중섭 | 조현용 | 김일란 | 박선희 | 김지영

Hawoo Publishing Inc.

머리말

최근 한국어교육에서 가장 눈에 띄는 변화는 한국어 학습 수요 계층의 다양화라고 할 수 있습니다. 이러한 변화에 따라 다양한 학습자의 학습 목적과 요구에 따른 교재 개발이 필요하다고 생각하였고 학습자의 요구에 따라 언어 기능을 선택-집중하게 함으로써 학습자의 내적 동기를 강화하고 나아가 자기 주도적인 학습을 가능하게 하는 것을 목표로 이 교재를 개발하였습니다.

한국어교육 현장에서 가장 널리 쓰이고 있는 기능(skills) 통합형 교재는 '말하기, 듣기, 읽기, 쓰기' 기능을 통합적으로 제시함으로써 효율적인 교수-학습을 유도하고 나아가 균형적이고 종합적인 언어 능력 발달을 이루는 것을 목표로 하고 있습니다. 그러나 실제 현장에서는 말하기와 듣기와 같은 구어 의사소통 능력을 지나치게 강조함으로써 읽기나 쓰기에는 충분한 시간을 할애하지 못하거나 읽기나 쓰기 기능은 말하기, 듣기 기능의 보조적인 기능으로서 인식되어 온 것이 사실입니다.

한국어 기능 분리형 교재는 네 가지 언어 기능을 독립적으로 제시하여 학습자가 해당 언어 기능에 초점을 두고 언어가 사용되는 실제 환경에 몰입하여 해당 기능을 분명하게 이해하고 표현하는 데에 도움을 줄 것입니다. 또한 학습자의 학습 목적과 요구에 따라 언어 기능을 선택하고 집중하게 함으로써 좀 더 효과적인 한국어 학습을 가능하게 할 것입니다. 교수자의 측면에서는 그간 통합 교재에서 소홀히 여겨진 각각의 언어 기능에 대한 전문화된 교수 능력을 제고하게 될 것이며 나아가 기능별 언어 교육 전문가를 양성함으로써 국내외 한국어 교육의 새로운 전환점이 될 것으로 기대합니다.

초급 단계에서의 한국어 기능 분리 교재는 처음 시도되는 바, 부족하거나 목표한 바를 충분히 담아 내지 못한 경우도 있을 것입니다. 언어 기능 분리를 시도하였으나 각 기능 간 유기적인 연계를 확보하기 위해 노력하였고 난이도, 빈도 등을 고려하여 문법과 어휘를 배열하였습니다. 특히 국립국어원에서 발간한 『국제통용 한국어 교육 표준 모형』에 기반하여 언어의 요소와 의미·기능을 배치하여 한국어 교육의 표준적인 내용을 담아내고자 하였습니다. 또한 기능(functions)과 주제가 단순히 나열되는 것이 아니라 순환되는 구조를 가지되 중복을 피하고자 노력하였습니다. 그리고 학습자의 학습에 대한 동기와 흥미가 유지될 수 있도록 사진, 삽화 등을 배열하는 데에도 각별히 신경을 썼습니다.

총 30권의 책을 만들어낸 집필진들의 노력이 학습자와 교수자 모두에게 실질적인 도움이 되기를 바랍니다.

교재 집필진 일동

일러두기

이 책은 언어 기능(skills) 분리형 교재 중 '읽기' 3단계 교재이다. 중급 한국어를 학습하는 학습자에게 필요한 언어 주제, 기능(function), 표현을 맥락과 함께 제공하였다. 이를 통해 대부분의 일상적인 소재와 친숙한 사회적 소재로 이루어진 글을 읽고 이해하는 것을 목표로 하였다.

읽기 교재의 단원은 '도입 ➡ 본 단원(읽기1, 읽기2) ➡ 더 읽어 봅시다 ➡ 한국의 문화 ➡ 생각해 봅시다'로 이루어져 있다. 각 단원의 구성은 다음과 같다.

도입

학습 목표
해당 단원의 주제와 기능 이해를 학습 목표로 기술함.

도입 사진
해당 단원의 주제와 관계있는 사진을 통해 학습자의 배경 지식을 활성화시키고 내용에 대한 예측을 유도함.

도입 질문
해당 단원의 주제와 관계있는 질문으로 본문에서 읽게 될 내용과 관계된 배경 지식을 확인함.

학습자가 성취감을 느낄 수 있도록 10개의 단원을 목적지에 도착하기 위해 거쳐야 하는 역으로 이미지화하여 제시함.

본 단원

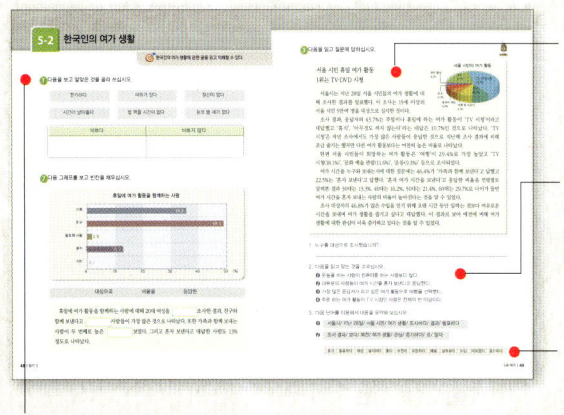

본문
단원의 주제와 관련된 다양한 종류의 텍스트를 읽고 이해할 수 있도록 읽기 자료를 제시함.

본문 확인
글을 읽는 목적에 맞게 내용 이해를 할 수 있도록 다양한 활동(전체 내용 확인하기, 세부 내용 확인하기, 중심 내용 확인하기 등)으로 구성함.

어휘
본문에 나오는 새 어휘를 출현 순서대로 정리하여 제시함.

준비 단계
단원의 주제와 관련된 어휘를 익히는 연습으로 구성함.

더 읽어 봅시다

본 단원에서 학습한 내용과 관련된 실제적 읽기 활동을 제시함.

한국의 문화

본 단원의 주제와 관련된 한국의 문화를 읽기 자료로 제시함.

학습자 스스로 성취 목표를 재확인하고 자신의 학습 상태를 점검할 수 있도록 함.

부록

부록은 〈모범 답안〉, 〈어휘 색인〉, 〈표현 색인〉으로 구성하였다. 〈모범 답안〉을 제시하여 학습자들이 배운 내용을 스스로 확인할 수 있게 하였으며 〈어휘 색인〉과 〈표현 색인〉에는 본문에 출현한 어휘와 표현을 가나다 순서로 제시하여 중급 단계의 어휘 및 표현의 사용을 돕고자 하였다.

교재 구성표

단원	단원명		과제
1	대중문화	드라마의 인기 덕분에	드라마에 대한 글을 읽고 이해하기
		계절에 어울리는 노래	대중가요에 대한 글을 읽고 이해하기
2	여행	지하철로 떠나는 서울 여행	여행 코스를 소개하는 글을 읽고 이해하기
		설악산에 다녀와서	여행 감상문을 읽고 이해하기
3	축제	6월, 해운대 모래 축제가 열린다	축제를 소개하는 글을 읽고 이해하기
		세계의 축제	세계 여러 나라의 축제에 대한 글을 읽고 이해하기
4	건강	건강한 생활 습관	생활 습관과 건강에 대한 글을 읽고 이해하기
		스트레스와 건강	스트레스에 대한 글을 읽고 이해하기
5	여가	난타 공연을 보고	공연 감상문을 읽고 이해하기
		한국인의 여가 생활	한국인의 여가 생활에 대한 글을 읽고 이해하기
6	생활 정보	생활 속 팔방미인, 레몬	레몬의 다양한 활용 방법에 대한 글을 읽고 이해하기
		불면증 극복 방법	불면증을 극복하는 방법에 대한 글을 읽고 이해하기
7	교통	지구촌의 독특한 교통수단	독특한 교통수단에 대한 글을 읽고 이해하기
		미래의 교통수단	미래의 교통수단에 대한 글을 읽고 이해하기
8	직업	직업의 변화	직업의 변화에 대한 글을 읽고 이해하기
		직업과 적성	직업과 적성에 대한 글을 읽고 이해하기
9	집	우리 집	지금 살고 있는 집에 대해 쓴 글을 읽고 이해하기
		한옥의 형태	한옥의 형태에 대해 설명하는 글을 읽고 이해하기
10	대인 관계	관계의 출발, 첫인상	대인 관계에 대한 글을 읽고 이해하기
		나 전달법(I-message)	효과적인 대화법에 대한 글을 읽고 이해하기

더 읽어 봅시다	어휘 및 표현	한국의 문화
콘서트 예매 정보	대중문화 관련 어휘 및 표현	한국의 대표 이미지
서울의 대표적인 먹자골목	여행 관련 어휘 및 표현	국토대장정
축제 참가 안내문	축제 관련 어휘 및 표현	한국의 축제
건강 나이 계산표	건강 상식과 증상 관련 어휘 및 표현	한국의 민간요법
영화 감상평	여가 생활 관련 어휘 및 표현	한국의 인기 스포츠
유용한 생활 정보	생활 정보 관련 어휘 및 표현	한국의 금기
환승 할인 제도	교통수단 관련 어휘 및 표현	한국 자동차
직업 적성 검사	직업과 적성 관련 어휘 및 표현	한국의 옛 그림 속에 나타난 직업
노래 가사	집의 구조와 종류 관련 어휘 및 표현	한국의 부엌에서 볼 수 있는 것
시	대인 관계 관련 어휘 및 표현	한국인이 개인적인 질문을 하는 이유

차례

머리말 3
일러두기 4
교재 구성표 6
등장인물 소개 10

1. 대중문화
1-1 드라마의 인기 덕분에 14
1-2 계절에 어울리는 노래 16

2. 여행
2-1 지하철로 떠나는 서울 여행 22
2-2 설악산에 다녀와서 24

3. 축제
3-1 6월, 해운대 모래 축제가 열린다 30
3-2 세계의 축제 32

4. 건강
4-1 건강한 생활 습관 38
4-2 스트레스와 건강 40

5. 여가
5-1 난타 공연을 보고 46
5-2 한국인의 여가 생활 48

6. 생활 정보
    6-1 생활 속 팔방미인, 레몬 · 54
    6-2 불면증 극복 방법 · 56

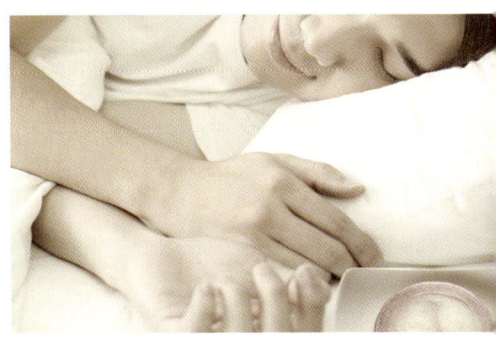

7. 교통
    7-1 지구촌의 독특한 교통수단 · 62
    7-2 미래의 교통수단 · 64

8. 직업
    8-1 직업의 변화 · 70
    8-2 직업과 적성 · 72

9. 집
    9-1 우리 집 · 78
    9-2 한옥의 형태 · 80

10. 대인 관계
    10-1 관계의 출발, 첫인상 · 86
    10-2 나 전달법(I-message) · 88

부록
    모범 답안 · 94
    어휘 색인 · 99
    표현 색인 · 106

등장인물 소개

빌리_Billy
미국에서 온 학생, 한국어와 한국 문화에 관심이 많고 한국 친구들이 많음.

박지훈_Park Jihun
빌리의 한국어 도우미, 경희대학교 학생임. 빌리의 한국 생활과 한국어 공부 등을 도와주고 있음.

다니엘_Daniel
프랑스에서 온 학생, 패션에 관심이 많아서 쇼핑을 좋아함.

리사_Lisa
일본에서 온 학생, 학교 근처 하숙집에 살고 있으며 성격이 좋아서 여러 나라 친구들과 잘 지냄.

정유진_Jeong Yujin
리사의 한국인 친구, 경희대학교 학생이며 성격이 활달하고 여행을 좋아함.

호세_Jose
멕시코에서 온 학생, 스포츠에 관심이 많음.

나타폰_Nataporn
태국에서 온 학생, 한국 드라마를 좋아함.

올가_Olga
러시아에서 온 학생, 한국 남자 친구가 있어서 한국어를 열심히 공부하고 있음.

01 대중문화

1과 대중문화 ▸ 2과 여행 ▸ 3과 축제 ▸ 4과 건강 ▸ 5과 여가 ▸ 6과 생활 정보 ▸ 7과 교통 ▸ 8과 직업 ▸ 9과 집 ▸ 10과 대인 관계

1-1 드라마의 인기 덕분에
🎯 드라마에 대한 글을 읽고 이해할 수 있다.

1-2 계절에 어울리는 노래
🎯 대중가요에 대한 글을 읽고 이해할 수 있다.

🗣 이야기해 보십시오.

1. 좋아하는 가수나 배우가 있습니까?
2. 최근에 본 영화나 공연이 어땠습니까?

1-1 드라마의 인기 덕분에

🎯 드라마에 대한 글을 읽고 이해할 수 있다.

1 드라마와 관계있는 것을 생각해 보십시오.

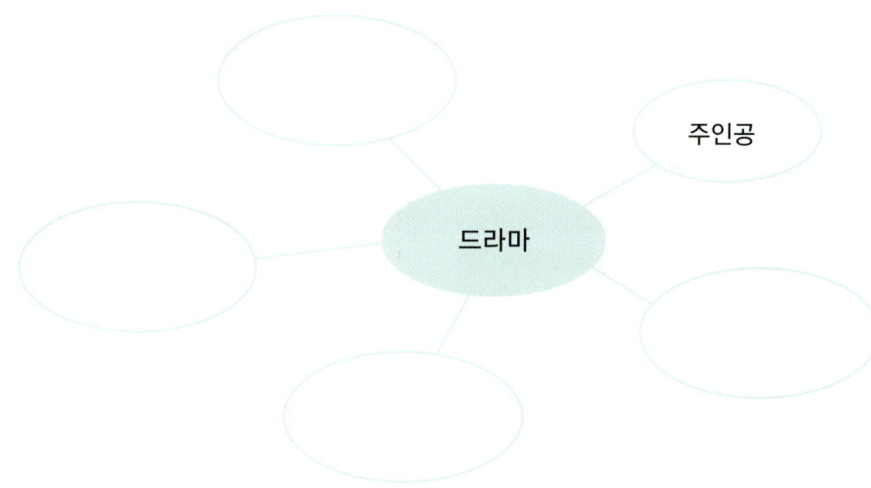

2 영화나 드라마에 나온 장소에 가 본 적이 있습니까? 주인공의 패션을 따라 한 적이 있습니까?

촬영지	주인공의 패션

경희대학교
건축학 개론, 클래식

한국민속촌
해를 품은 달, 대장금

서울N타워
꽃보다 남자, 별에서 온 그대

정장에 백팩
발리에서 생긴 일

어그부츠
미안하다 사랑한다

단발머리
야왕

3 다음을 읽고 질문에 답하십시오.

최근 남해안에 있는 작은 섬 외도에 많은 사람들이 몰리고 있다. 이곳은 얼마 전에 끝난 한 드라마의 촬영지였다. 드라마의 인기로 한국 사람들은 물론 해외에서도 이곳을 찾는 사람들이 늘었고 촬영지를 관광하는 여행 상품도 생겼다. 드라마 한 편이 미친 영향은 이것만이 아니다. 드라마에 대한 관심은 패션, 음식, 노래 등으로 이어졌다. 주인공이 드라마에서 입고 나온 코트는 물론 선글라스, 구두 등도 유행하고 있다. 또 드라마에서 남녀 주인공이 자주 먹은 음식인 치킨과 맥주는 판매가 크게 늘었다. 드라마 OST는 나오자마자 1위를 기록했고 노래를 부른 가수는 드라마의 인기 덕분에 이름을 알리게 되었다. 그 가수는 얼마 전 중국, 일본, 싱가포르 등 6개국에서 팬 미팅을 했는데 티켓이 30분 만에 매진됐다고 한다.

1. 드라마의 인기로 생긴 일을 모두 골라 보십시오.
   ❶ 드라마 OST가 인기를 얻었다.
   ❷ 팬 미팅을 하는 배우가 많아졌다.
   ❸ 이 드라마는 6개국에서 방송되었다.
   ❹ 촬영지를 관광하는 여행 상품이 생겼다.

2. 맞으면 ◯, 틀리면 ✘ 하십시오.
   ❶ 이 드라마는 한국에서만 인기가 있었다. (   )
   ❷ 이 드라마에 나온 가수의 팬 미팅이 큰 관심을 끌었다. (   )
   ❸ 주인공이 드라마에서 사용한 물건이 많이 팔렸다. (   )

3. 다음 단어를 이용해서 내용을 요약해 보십시오.

   드라마/ 관심/ 패션/ 음식/ 노래/ 이어지다

몰리다 촬영지 늘다 미치다 영향 이어지다 주인공 유행하다 기록하다 매진되다

1-2 계절에 어울리는 노래

🎯 대중가요에 대한 글을 읽고 이해할 수 있다.

1 어떤 장르의 음악을 자주 듣습니까? 자주 듣는 음악에 💬 하고 이유를 이야기해 보십시오.

| 발라드 | 댄스 | 록 | 재즈 | 트로트 |
| 클래식 | 힙합 | 국악 | 기타(|) |

2 다음 상황과 어울리는 노래의 가사를 연결하십시오.

❶ 여행하거나 산책할 때

❷ 사랑을 고백할 때

❸ 용기가 필요할 때

㉮
이 세상 위에 내가 있고
나를 사랑해 주는 나의 사람들과
나의 길을 가고 싶어.
많이 힘들고 외로웠지.
그건 연습일 뿐야.
넘어지진 않을 거야.
나는 문제없어.

🎵 나는 문제없어(황규영)

㉯
아주 멀리까지 가 보고 싶어.
그곳에선 누구를
만날 수가 있을지.
아주 높이까지 오르고 싶어.
얼마나 더 먼 곳을
바라볼 수 있을지.

🎵 출발(김동률)

㉰
문이 열리네요.
그대가 들어오죠.
첫눈에 난 내 사람인 걸 알았죠.
내 앞에 다가와 고개를 숙이며
비친 얼굴 정말 눈이 부시게
아름답죠.

🎵 사랑해도 될까요(유리상자)

3 다음을 읽고 질문에 답하십시오.

계절은 사람들의 옷차림만 바꾸는 것이 아니다. 계절에 따라 사람들이 듣고 싶어 하는 노래도 달라진다. 그러면 봄에 사람들이 즐겨 듣는 노래는 무엇일까? 한 음악 사이트에 따르면 로이킴의 '봄봄봄'과 버스커 버스커의 '벚꽃 엔딩'이 가장 인기 있다고 한다. 두 노래 모두 봄을 느낄 수 있는 가사와 멜로디를 담고 있다. 한편 여름에는 디제이디오씨(DJ DOC)의 '여름 이야기', 쿨(COOL)의 '해변의 여인'과 같은 신나는 댄스곡을 많이 듣는 것으로 나타났다. 이 노래들은 가사가 쉽고 멜로디가 단순해서 한 번만 들으면 누구나 쉽게 따라 부를 수 있다. 가을에는 최근 노래보다 예전에 나온 노래들이 계속 사랑을 받는 것이 특징이다. 이문세의 '가을이 오면', 이소라의 '바람이 분다'와 같은 조용한 발라드곡이 꾸준히 인기를 끌고 있다. 겨울에는 눈과 관계있는 노래가 계속 인기를 얻고 있는데 이루의 '흰눈', 박효신의 '눈의 꽃'이 대표적이다.

1. 이 글을 읽고 내용을 정리해 보십시오.

봄	봄을 느낄 수 있는 가사와 멜로디를 담고 있다.
여름	
가을	
겨울	

2. 맞으면 ○, 틀리면 ✗ 하십시오.
   ❶ 가을에는 댄스곡이 인기가 있다.   (   )
   ❷ 계절에 따라 많이 듣는 노래가 달라진다.   (   )
   ❸ 여름에는 조용한 노래가 어울린다.   (   )

3. 다음 단어를 이용해서 내용을 요약해 보십시오.

   계절/ 사람들/ 즐겨 듣다/ 노래/ 다르다

   즐기다 가사 담다 신나다 단순하다 예전 꾸준히 대표적 인기를 끌다 인기를 얻다

더 읽어 봅시다

1 콘서트 예매 정보입니다. 읽어 보십시오.

비스트 콘서트 '뷰티풀쇼'

장소: 올림픽 체조 경기장
일시: 9월 20일 (토) 오후 4시, 8시
출연: 비스트

| 가격 | R석 132,000원
S석 110,000원
A석 99,000원 |

관람 시간: 120분
카드 혜택: 신용 카드 할인 ▶ 무이자 할부 ▶

예매 가능 공연 일자
9월 20일 토요일 선택 ▼

예매 가능 좌석
관람일과 회차를 선택해 주세요.

[예매하기 ▶]

입장 안내
- 매표소는 공연 당일 1시간 30분 전부터 운영됩니다.
- 관객 입장은 공연 30분 전부터 시작됩니다.
- 공연이 시작된 후에는 입장이 제한됩니다.
- 인터넷으로 티켓을 예매하신 분들은 예매 번호와 신분증을 꼭 지참하시기 바랍니다.

공연 관람 시 유의 사항
- 본 공연은 지정 좌석제입니다. 다른 좌석으로 이동할 수 없습니다.

2 좋아하는 공연의 예매 정보를 찾아보고 소개해 보십시오.

장소:

기간:

출연:

가격:

관람 시간:

한국의 문화

 한국의 대표 이미지

경희대 국제교육원이 최근 '한국' 하면 떠오르는 것에 대해 외국인 500명을 대상으로 설문 조사를 했다. 그 결과 응답자의 44%가 한국 음식을 꼽았고 드라마와 영화(38.4%), 아이돌 가수(9.9%)를 선택한 외국인들도 있었다.

가장 인상 깊은 음식으로는 치맥이 33%로 가장 많았고 그 다음은 비빔밥(23%), 불고기(18.6%), 삼겹살(14.2%) 순으로 나타났다. 이에 대해 경희대 관계자는 치킨과 맥주가 가장 인상 깊은 음식으로 꼽힌 것은 드라마의 영향으로 보인다고 말했다. 또 고향에서 성공할 것 같은 한국의 아이템으로는 치킨집, 고깃집, 찜질방이라고 응답했다. 그리고 자신의 나라에도 있었으면 하는 한국의 물건으로는 고기 불판(19.7%)과 김치 냉장고(17.5%)를 선택했다. 고향에 가져가고 싶은 한국의 독특한 문화를 묻는 질문에는 무한 리필 반찬 문화(39.5%)라는 답이 가장 많았고 온돌 문화(21.9%)에 이어 교통 카드 및 와이파이 등 IT 관련 문화(8.8%)가 그 뒤를 이었다. 기타 의견으로는 24시간 카페 문화와 회식 문화, 배달 문화 등이 있었다.

'한국' 하면 떠오르는 것이 무엇입니까? 여러분의 나라로 가져가고 싶은 한국의 문화는 무엇입니까? 간단하게 메모해 보십시오.

생각해 봅니다. Let's think!

- 대중문화에 관한 단어나 문장을 써 보십시오.
- 대중문화와 관련된 글을 읽고 무엇을 알게 됐습니까?

02 여행

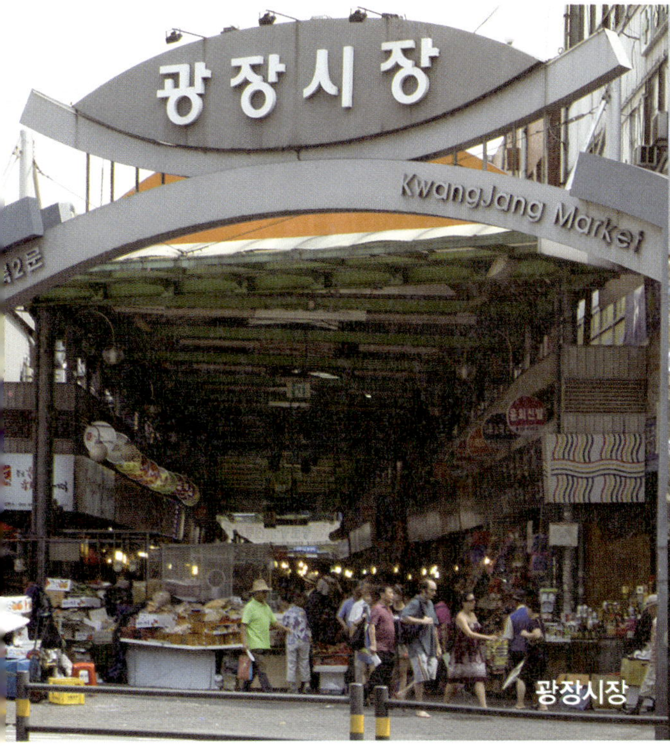

광장시장

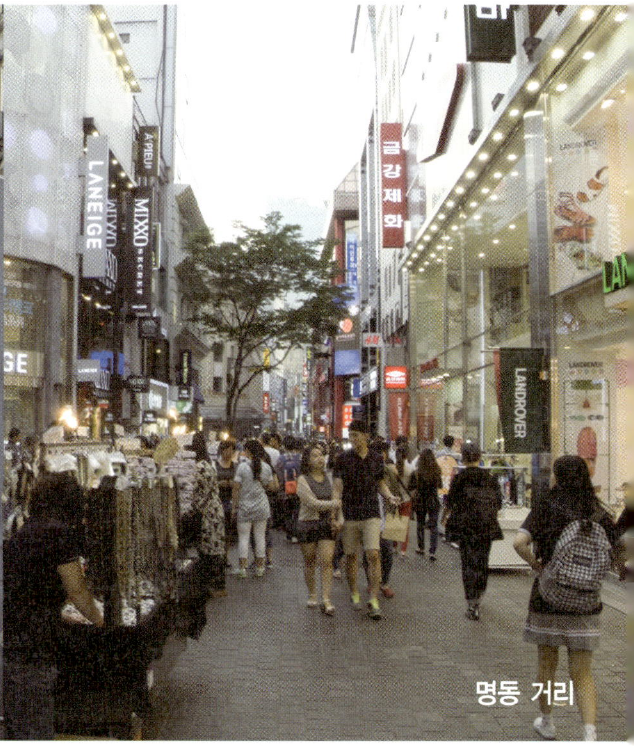

명동 거리

1과 대중문화 · 2과 여행 ▸▸▸ · 3과 축제 · 4과 건강 · 5과 여가 · 6과 생활 정보 · 7과 교통 · 8과 직업 · 9과 집 · 10과 대인 관계

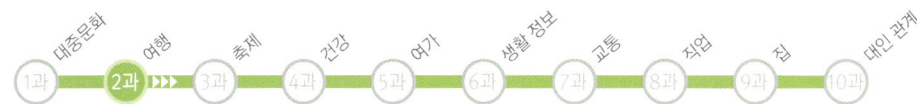

2-1 **지하철로 떠나는 서울 여행**
　　🎯 여행 코스를 소개하는 글을 읽고 이해할 수 있다.

2-2 **설악산에 다녀와서**
　　🎯 여행 감상문을 읽고 이해할 수 있다.

한강　　　　　　　　　　　　　　　　　북촌 한옥마을

🗣 **이야기해 보십시오.**

1. 여러분은 어디로 여행을 가고 싶습니까?
2. 가장 기억에 남는 여행지는 어디입니까?

2-1 지하철로 떠나는 서울 여행

🎯 여행 코스를 소개하는 글을 읽고 이해할 수 있다.

1 다음은 '서울 지하철 스탬프 투어' 안내문입니다. 다음 중 가 보고 싶은 여행 코스는 어디입니까?

01 코스 서울, 그 중심에 서다

- 1, 4호선 서울역
  문화역 서울 284, 숭례문(남대문), 남대문시장
- 4호선 회현역 · 명동역
  남산오르미(경사형 E/V), 남산 케이블카, N서울 타워, 남산 팔각정

02 코스 젊음의 공간 속으로 들어가다

- 2호선 홍대입구역
  홍대 걷고 싶은 거리, 홍대미술거리, 와우공원(근현대디자인박물관)
- 2호선 신촌역 · 이대역
  신촌 이대 거리(차 없는 거리/명물거리)

03 코스 서울에서 만나는 역사 이야기

- 3호선 경복궁역
  사직단, 서촌 마을, 청와대 사랑채, 경복궁, 대한민국역사박물관, 한글 가온길, 서울역사박물관
- 1, 2호선 시청역
  정동길, 덕수궁 돌담길, 서울시청 서대문별관, 정동전망대

04 코스 전통을 넘어 미래를 만나다

- 4호선 혜화역
  이화동 벽화마을, 낙산공원, 동대문성곽길(낙산코스)
- 1, 4호선 동대문역
  흥인지문(동대문), 청계천
- 2, 4, 5호선 동대문역사문화공원역
  동대문 디자인플라자, 동대문역사관

05 코스 도심에서 자연을 느낄 수 있는 곳, 청계천

- 5호선 광화문역
  청계광장, 광통교, 삼일교, 수표교
- 2, 5호선 을지로4가역
  새벽다리
- 1, 6호선 동묘앞역
  오간수교, 다산교

06 코스 힐링하고 싶다면 가까운 공원으로

- 6호선 새절역 신사근린공원
- 6호선 증산역 불광천 해담는 다리
- 6호선 월드컵경기장역
  월드컵공원 (노을공원, 하늘공원, 평화공원)
- 6호선 마포구청역

07 코스 서울에서 다양한 이색 체험을 하다

- 6호선 이태원역
  이태원거리, 이슬람 중앙성원
- 6호선 한강진역
  리움미술관, 블루스퀘어
- 2, 6호선 신당역
  곤충파충류생태체험

08 코스 서울 근교에서 옛 시장을 만나다

- 3, 8호선 가락시장역
  가락동 농수산물시장, 문정동 로데오거리
- 8호선 장지역
  가든파이브
- 8호선 모란역
  성남 모란장(4일, 9일)

2 대중교통을 이용하여 여행할 수 있는 코스를 만들어 보십시오.

❸ 다음을 읽고 질문에 답하십시오.

지하철을 타고 서울의 관광 명소를 둘러볼 수 있는 '서울 지하철 스탬프 투어'가 큰 인기를 모으고 있다. 지하철 여행 코스는 총 8개로 각 노선의 특색을 살려 다양한 주제로 구성되었다. 이 코스를 따라 여행을 하면 볼거리와 먹을거리가 풍성한 서울을 좀 더 편리하게 여행할 수 있다. 지하철을 타고 여행한 후 코스별로 인증 사진을 찍어서 직원에게 보여 주면 직원이 도장을 찍어 준다. 그리고 8개의 도장을 모두 모은 후에 홈페이지에 기념품을 신청하면 지하철역 고객 안내 센터에서 선착순으로 기념품을 받을 수 있다.

1코스 서울, 그 중심에 서다
2코스 젊음의 공간 속으로 들어가다
3코스 서울에서 만나는 역사 이야기
4코스 전통을 넘어 미래를 만나다
5코스 도심에서 자연을 느낄 수 있는 곳, 청계천
6코스 힐링(healing)하고 싶다면 가까운 공원으로
7코스 서울에서 다양한 이색 체험을 하다
8코스 서울 근교에서 옛 시장을 만나다

1. 어떤 여행을 소개하는 글입니까?

   _____

2. 맞으면 ◯, 틀리면 ✘ 하십시오.
   ❶ 이 코스를 따라 여행을 하면 서울의 다양한 교통수단을 이용해 볼 수 있다. (   )
   ❷ 여행지에서 찍은 사진을 직원에게 보여 주면 도장을 받을 수 있다. (   )
   ❸ 홈페이지에 기념품을 신청하면 모두 받을 수 있다. (   )

3. 다음 단어를 이용해서 내용을 요약해 보십시오.
   ❶ 지하철/ 서울/ 관광 명소/ 둘러보다/ 스탬프 투어/ 인기/ 모으다
   ❷ 지하철 스탬프 투어/ 코스/ 따르다/ 여행하다/ 서울/ 재미있다/ 여행하다

| 명소 | 둘러보다 | 노선 | 특색 | 살리다 | 구성되다 | 볼거리 |
| 먹을거리 | 풍성하다 | 인증 | 신청하다 | 선착순 | | |

2-2 설악산에 다녀와서

🎯 여행 감상문을 읽고 이해할 수 있다.

1 다음 일정표를 보고 순서대로 그림의 번호를 쓰십시오.

ITX 기차로 즐기는 설악산 여행
ITX 청춘열차 + 설악산 등산 + 동해 어시장

시 간	세 부 일 정
8:00	용산역 출발
9:12	남춘천역 도착
9:30	남춘천역 출발 -연계버스
11:30	중식(불고기)
12:20	기념사진 촬영
	설악산 등산 〈도보 1시간〉 -자유 시간
15:30	동해 어시장 -싱싱한 회(자유식)
17:00	어시장 출발 -남춘천 이동
19:00	남춘천 도착 후 자유 석식
20:03	남춘천역 출발
21:16	용산역 도착

❶ (등산) ❷ (식사) ❸ (기차) ❹ (기념촬영)

❸ → ___ → ___ → ___

2 다음을 보고 관계있는 것을 골라 번호를 쓰십시오.

❶ 숲으로 떠나는 힐링 여행
❷ 아이와 함께하는 포도 따기 체험
❸ 맛 따라 전국 일주
❹ 문학을 찾아 떠나는 여행
❺ 가족과 함께하는 역사 기행
❻ 신나는 레일 바이크(rail bike) 체험 여행
❼ 마음이 맑아지는 템플 스테이(temple stay)

먹는 여행

쉬는 여행

즐기는 여행

배우는 여행

3 다음을 읽고 질문에 답하십시오.

설악산에 다녀와서

왕밍(중국)

　지난주에 우리 반 친구들과 함께 설악산으로 현지 학습을 다녀왔다. 설악산까지 버스로 4시간 정도 걸렸지만 친구들과 재미있게 이야기하며 가서 시간이 가는 줄 몰랐다. 설악산으로 가는 길에 식당에서 점심을 먹었다. 배고플 때 먹는 음식이 제일 맛있다는 말이 생각났다.

　드디어 설악산에 도착했다. 등산을 하기 전에 설악산 국립 공원의 곰 동상 앞에서 다 같이 기념사진을 찍었다. 설악산에는 한국인은 물론 단풍을 구경하러 온 외국인들도 많았다. 등산을 하면서 본 설악산의 가을 단풍이 얼마나 아름다웠는지 모른다. 그런 아름다운 숲 속에 큰 집을 짓고 사랑하는 가족과 살고 싶었다. 한참을 걸어가니 비선대가 보였다. 신기하게 생긴 바위와 계곡물이 만들어 낸 풍경은 그림처럼 아름다웠다.

　산에서 내려온 후에 동해안 쪽으로 가서 싱싱한 회를 먹고 숙소에 들어갔다. 다음 날 아침에는 일찍 일어나 해돋이를 보면서 소원을 빌었다. 우리는 아침을 먹고 서울로 출발했다. 이번 여행에서 잊지 못할 즐거운 추억을 많이 만들었다. 다음에 부모님과 함께 다시 한 번 갈 기회가 있었으면 좋겠다.

1. 이 글의 종류는 무엇입니까?
   ① 시　　　　　② 소설　　　　　③ 기행문　　　　　④ 기사문

2. 맞으면 ○, 틀리면 ✗ 하십시오.
   ① 왕밍은 버스를 타고 혼자 여행을 떠났다.　　　(　　)
   ② 왕밍은 기념사진을 찍고 등산을 했다.　　　　(　　)
   ③ 왕밍은 1박 2일로 설악산 여행을 다녀왔다.　　(　　)

3. 다음 단어를 이용해서 내용을 요약해 보십시오.
   ① 버스/ 4시간/ 걸리다/ 설악산/ 도착하다/ 기념사진/ 찍다
   ② 지난주/ 친구들/ 설악산/ 즐겁다/ 추억/ 만들다

현지　동상　숲　한참　신기하다　바위　계곡물　풍경　추억　기회

더 읽어 봅시다

1. 다음은 서울의 대표적인 먹자골목*에 대한 글입니다. 읽어 보십시오.

- **경희대 파전 골목**

  회기역에서 1번 출구로 나와 경희대 방향으로 조금 가다 보면 좁은 길에 맛있는 파전집들이 있다. 1970~80년대 젊은이들의 추억이 가득한 곳에서 요즘 젊은이들도 파전을 먹으며 추억을 만들고 있다. 이곳의 파전은 맛있고 가격이 싸서 부담 없이 즐길 수 있다.

- **신당동 떡볶이 골목**

  신당1동에 위치한 신당동 떡볶이 거리는 골목 양쪽으로 떡볶이 전문점이 길게 늘어서 있어 떡볶이 골목이라는 이름이 붙여졌다. 신당동 떡볶이는 손님들이 직접 재료를 골라서 즉석에서 볶아 먹는 것이 특징인데 가게마다 다양하고 독특한 맛을 자랑해 멀리 지방에서도 찾아온다.

- **광장시장 먹거리 골목**

  광장시장은 1905년에 세워진 한국 최초의 상설 시장으로 농수산물뿐만 아니라 한복, 침구, 수예, 주방 용품 등 없는 것이 없다. 광장시장의 거대한 규모에도 놀라지만 시장 안의 여러 먹거리 골목을 보고 또 한 번 놀라게 된다. 광장시장의 먹거리 골목은 국내 최대 규모의 길거리 뷔페라고 할 수 있는데 최근에는 외국에도 알려져 외국인 관광객들도 많이 찾고 있다.

*여러 음식점이 모여 있는 골목

2. 여러분 나라의 먹자골목을 소개해 보십시오.

골목 이름	
특징(먹거리, 볼거리)	

 ## 한국의 문화

 국토대장정

    매년 여름이 되면 줄을 지어 도로를 걷는 젊은이들을 볼 수 있다. 이들은 바로 한반도의 남쪽 끝 해남에서 임진각 통일의 집까지 국토대장정을 하는 젊은이들이다. 국토대장정은 1997년 경제 위기 상황을 이겨 내고 통일 염원을 모아서 다음 세대에게 꿈과 희망을 심어 주기 위해 시작되었다. 젊은이들은 국토대장정을 통해 어려움을 극복하면서 인내심과 강한 의지를 키운다. 그리고 참가한 동료들과 도움을 주고받으며 인생은 혼자의 힘으로만 사는 것이 아니라는 것을 배우게 된다. 국토대장정을 마치고 나면 뭔가 해냈다는 성취감과 자신감을 얻을 수 있고 다양한 사람들과 따뜻한 세상을 느낄 수 있어서 매년 도전하는 젊은이들이 늘고 있다.

 여러분 나라에도 국토대장정과 비슷한 여행이 있습니까? 간단하게 메모해 보십시오.

 **생각해 봅니다.** Let's think!

- 여행에 관한 단어나 문장을 써 보십시오.
- 여행과 관련된 글을 읽고 무엇을 알게 됐습니까?

03 축제

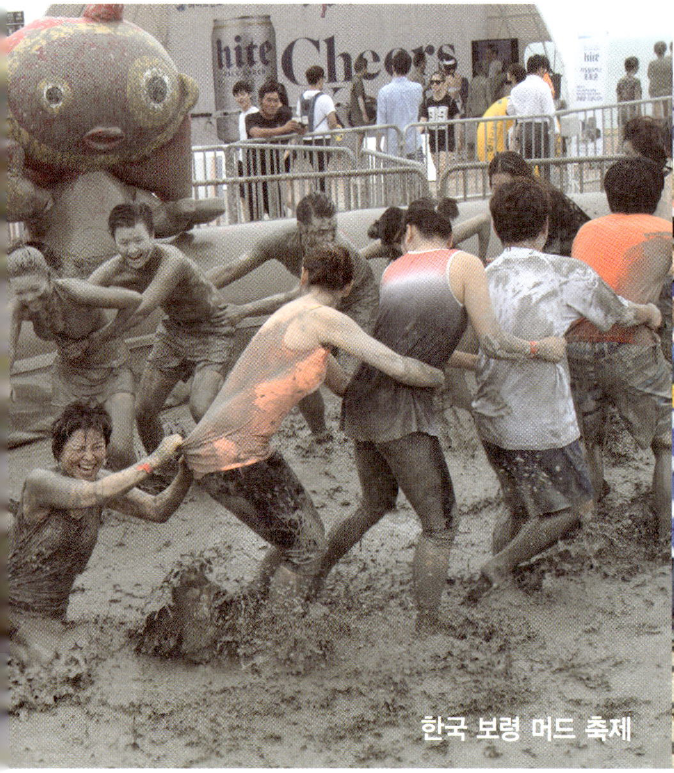

한국 보령 머드 축제

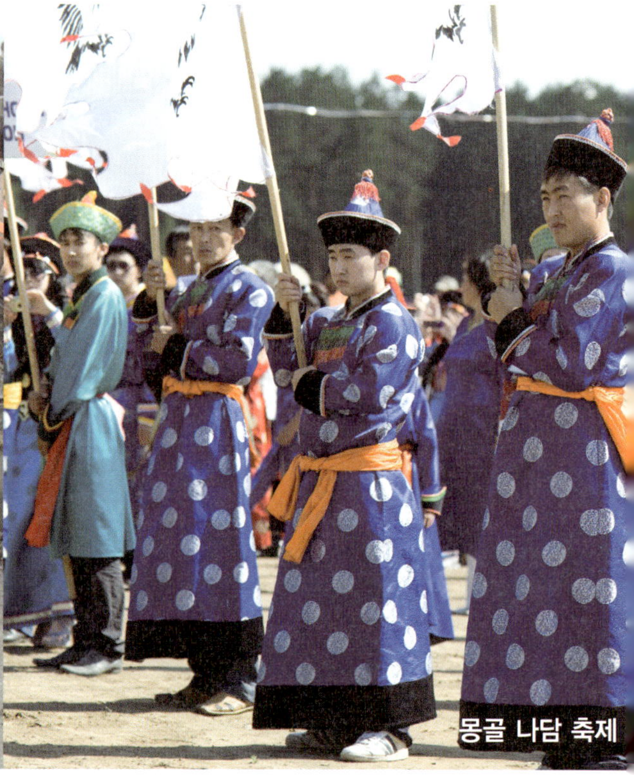
몽골 나담 축제

1과 대중문화
2과 여행
3과 축제
4과 건강
5과 여가
6과 생활 정보
7과 교통
8과 직업
9과 집
10과 대인 관계

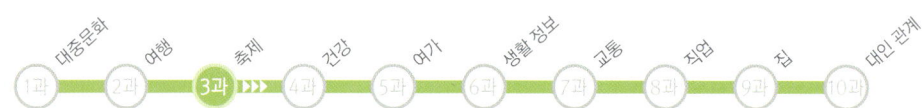

3-1 6월, 해운대 모래 축제가 열린다
🎯 축제를 소개하는 글을 읽고 이해할 수 있다.

3-2 세계의 축제
🎯 세계 여러 나라의 축제에 대한 글을 읽고 이해할 수 있다.

독일 옥토버페스트　　　　중국 하얼빈 빙등 축제

💬 이야기해 보십시오.

1. 여러분 나라에는 어떤 축제가 있습니까?
2. 그 축제에서는 어떤 행사를 합니까?

3-1 6월, 해운대 모래 축제가 열린다

🎯 축제를 소개하는 글을 읽고 이해할 수 있다.

1 다음 중 참가해 보고 싶은 행사는 무엇입니까?

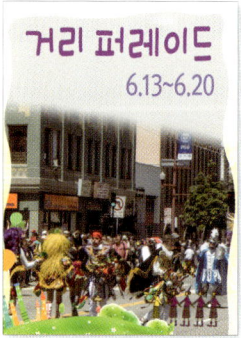

2 다음은 신문 기사 제목입니다. 밑줄 친 부분을 바르게 이해한 것을 연결하십시오.

① [경희 일보] 세계 태권도 한마당 축제 — **다음 주 포항에서 열려**

② [경희 일보] 제34회 금산 인삼 축제 — **내달 개막**

③ [경희 일보] 부천 국제 만화 축제 — **화려하게 폐막**

④ [경희 일보] 보령 머드 축제 — **입장객 작년보다 늘어**

㉮ 다음 달에 열린다.

㉯ 다음 주에 시작된다.

㉰ 작년에 비해 사람들이 많이 왔다.

㉱ 성공적으로 끝났다.

❸ 다음을 읽고 질문에 답하십시오.

　　부산 해운대 모래 축제가 다음 달 6일(금)에 개막된다. 매년 6월에 나흘 동안 열리는 이 축제는 지난 2005년에 처음 시작되었다. 제1회 모래 축제 이후 매년 입장객이 늘어 지난해에는 45만 명 이상이 이곳을 찾아왔다. 이 축제는 모래를 재료로 이용하기 때문에 축제가 끝난 후에도 폐기물이 남지 않아서 친환경적인 축제로도 유명하다.
　　올해 축제에는 32개의 다양한 볼거리와 체험 행사가 준비되어 있다. 축제의 하이라이트는 세계 모래 조각전이다. 올해의 주제는 동물로 미국, 네덜란드, 이탈리아 등 8개국에서 온 유명 모래 조각가 10명이 사자, 코끼리, 기린 등을 조각해 놓았다. 이 밖에 축제에 참가하는 일반인들을 위해 다양한 체험 행사들도 준비되어 있다. 특히 '도전! 나도 모래 조각가' 행사는 남녀노소 누구나 참가할 수 있다.

1. 이 글을 읽고 알 수 <u>없는</u> 내용은 무엇입니까?
   ❶ 참가 비용　　　❷ 축제 기간　　　❸ 축제 장소　　　❹ 행사 내용

2. 맞으면 ◯, 틀리면 ✗ 하십시오.
   ❶ 2005년에 제1회 해운대 모래 축제가 열렸다.　　　　　　(　　)
   ❷ 세계 모래 조각전에는 누구나 참가할 수 있다.　　　　　(　　)
   ❸ 이 축제의 하이라이트는 다양한 체험 행사들이다.　　　(　　)

3. 다음 단어를 이용해서 내용을 요약해 보십시오.
   ❶ 부산/ 다음 달/ 6일/ 나흘/ 모래 축제/ 열리다
   ❷ 올해/ 32개/ 다양하다/ 볼거리/ 체험 행사/ 준비되다

| 모래 | 개막되다 | 열리다 | 입장객 | 이용하다 | 폐기물 |
| 친환경 | 조각하다 | 일반인 | 남녀노소 | | |

3-2 세계의 축제

🎯 세계 여러 나라의 축제에 대한 글을 읽고 이해할 수 있다.

1 다음을 보고 축제를 설명해 보십시오.

축제 정보

이천 도자기 축제

축제 기간	8월 말~9월 말
축제 장소	경기도 이천시 설봉공원
행사 내용	도자기 전시회, 도자기 빚기 체험, 나만의 도자기 액세서리 만들기 등
참가비	무료

지도 관광 음식 숙박

축제 갤러리

사진 제공: 이천시청

2 알맞은 의미를 찾아서 연결하십시오.

❶ 남녀노소   •   •   ㉮ 여러 가지 모양과 색깔

❷ 방방곡곡   •   •   ㉯ 둘이 아닌 오직 하나

❸ 형형색색   •   •   ㉰ 모든 사람, 누구나

❹ 유일무이   •   •   ㉱ 모든 곳, 곳곳마다

3 다음을 읽고 질문에 답하십시오.

매년 세계 곳곳에서 다양한 축제들이 열린다. 축제를 보면 그 지역의 문화와 특징을 잘 알 수 있다. 그 중에서 몽골의 나담 축제, 독일의 옥토버페스트, 중국의 하얼빈 빙등 축제는 외국인들에게 잘 알려진 축제로 지역의 특색이 잘 나타나는 축제이다.

먼저 나담 축제는 매년 7월에 울란바토르에서 열린다. 이 축제의 정식 명칭은 '에링 고르붕 나담(Eriin Gurvan Naadam)'인데 줄여서 '나담 축제'라고 한다. 축제 이름은 '남자들의 세 가지 경기'라는 뜻으로 전국에서 온 선수들이 씨름, 말 타기, 활쏘기를 한다. 예전에는 젊은 남자들만 참가했는데 현재는 여자, 아이, 노인까지 모두 참가할 수 있다.

옥토버페스트(Oktoberfest)는 세계에서 가장 규모가 큰 맥주 축제이다. 1810년부터 시작된 이 축제는 9월 말부터 10월 초까지 2주간 열린다. 해마다 600만 명 이상이 축제를 보기 위해 뮌헨(München)에 온다. 축제 기간에만 맥주 500만 리터와 소시지 20만 개가 팔린다고 한다. 여러 맥주 회사들은 축제를 위해 알코올 도수가 높은 특별한 맥주를 만든다. 그래서 이 기간에 뮌헨에 가면 특별한 축제 맥주를 마실 수 있다.

하얼빈 빙등 축제는 세계 3대 겨울 축제이다. 해마다 1월이 되면 이곳에서 전 세계 얼음 조각가들이 만든 1,500점 이상의 작품을 구경할 수 있다. 오후 4시 이후에는 얼음 조각 안에 있는 등을 켜는데 화려한 빛의 야경이 무척 아름답다.

1. 맞으면 ◯, 틀리면 ✘ 하십시오.
   ❶ 나담 축제는 남자들만 참가할 수 있다. ( )
   ❷ 옥토버페스트는 시작된 지 200년이 넘었다. ( )
   ❸ 하얼빈 빙등 축제는 겨울에 볼 수 있다. ( )

2. 이 글을 읽고 내용을 정리해 보십시오.

국가/ 도시			
축제 이름			
축제 기간			
행사 내용			

3. 다음 단어를 이용해서 내용을 요약해 보십시오.

   세계/ 축제/ 보다/ 그 지역/ 문화/ 특징/ 잘/ 알다

곳곳 나타나다 정식 명칭 젊다 팔리다 작품 빛 무척

더 읽어 봅시다

1 축제 참가 안내문입니다. 읽어 보십시오.

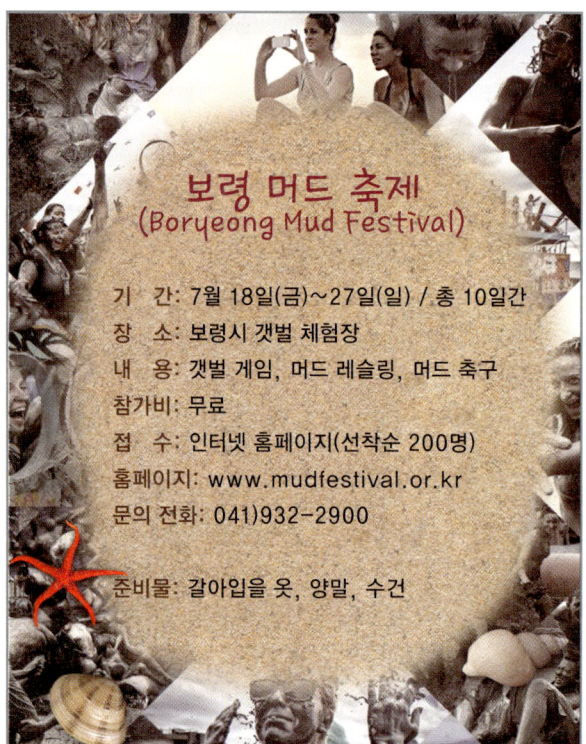

보령 머드 축제
(Boryeong Mud Festival)

기　간: 7월 18일(금)~27일(일) / 총 10일간
장　소: 보령시 갯벌 체험장
내　용: 갯벌 게임, 머드 레슬링, 머드 축구
참가비: 무료
접　수: 인터넷 홈페이지(선착순 200명)
홈페이지: www.mudfestival.or.kr
문의 전화: 041)932-2900

준비물: 갈아입을 옷, 양말, 수건

2 여러분이 가 보고 싶은 축제의 참가 안내문을 찾아보고 소개해 보십시오.

축제명: _____

- 일　시:
- 장　소:
- 내　용:
- 참가비:
- 접　수:
- 홈페이지:
- 문의 전화:
- 준비물:

# 한국의 문화

 한국의 축제

봄	여름	가을	겨울
여의도 벚꽃 축제 (서울 영등포구)	함평 나비 대축제 (전남 함평군)	진주 남강 유등 축제 (경남 진주시)	정동진 해돋이 축제 (강원 강릉시)
논산 딸기 축제 (충남 논산시)	금산 인삼 축제 (충남 금산군)	광주 세계 김치 축제 (전남 광주시)	태백산 눈 축제 (강원 태백시)

 한국에서 가 보고 싶은 축제는 어느 축제입니까? 간단하게 메모해 보십시오.

생각해 봅시다. Let's think!

- 축제에 관한 단어나 문장을 써 보십시오.
- 축제와 관련된 글을 읽고 무엇을 알게 됐습니까?

04 건강

| 4-1 | **건강한 생활 습관**
🎯 운동 습관에 대한 글을 읽고 이해할 수 있다.

| 4-2 | **스트레스와 건강**
🎯 스트레스에 대한 글을 읽고 이해할 수 있다.

이야기해 보세요.

1. 여러분은 건강을 위해 무엇을 합니까?
2. 건강에 좋지 않은 습관에는 어떤 것이 있습니까?

4-1 건강한 생활 습관

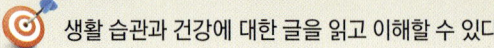 생활 습관과 건강에 대한 글을 읽고 이해할 수 있다.

1 다음 건강 상식 중 맞는 것을 고르십시오.

❶ 담배를 피우면 살이 빠진다.
❷ 아침 식사 전에 운동을 하면 살이 빠진다.
❸ 술을 마시면 잠을 깊게 자는 데 도움이 된다.
❹ 물을 많이 마시는 것이 항상 좋은 것만은 아니다.
❺ 속이 아플 때 우유를 마시면 위를 보호할 수 있다.
❻ 식사 후에 커피나 홍차를 마시면 소화에 좋다.
❼ 코피가 나면 머리를 뒤로 한다.
❽ 장이 좋지 않은 사람은 따뜻한 물을 마시는 것이 좋다.

2 다음을 예방하는 데 좋은 방법을 이야기해 보십시오.

❶

감기

예방 방법:

❷
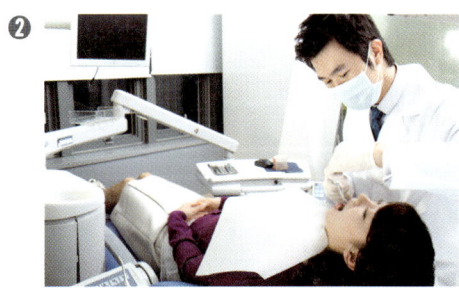
충치

예방 방법:

3 다음을 읽고 질문에 답하십시오.

> 　운동이 건강에 좋다는 사실은 누구나 알고 있다. 운동은 하루에 30분씩, 일주일에 5일간 지속하는 것이 가장 좋다고 한다. 그러나 바쁜 현대인들이 운동할 시간을 내는 것은 쉽지 않다.
>
> 　운동할 시간이 없다면 '서서 활동하기'를 해 보는 것이 좋다. 일반적으로 서 있는 것은 운동 효과가 없다고 생각하기 쉽다. 하지만 직장에서 일을 할 때 하루에 세 시간씩 서서 하게 되면 일 년에 마라톤을 10회 뛰는 것과 같은 효과가 있다고 한다. 서서 활동하기 외에도 비슷한 효과를 얻을 수 있는 생활 속 작은 습관들이 있다. 가까운 거리는 자동차 대신 걸어가는 것이 좋으며 만약 자동차로 장을 보러 가야 한다면 차를 최대한 멀리 주차하는 것이 낫다. 그리고 에스컬레이터나 엘리베이터보다는 계단을 이용하면 건강에 도움이 된다. 티끌 모아 태산이라고 작은 습관의 변화가 건강에 큰 도움이 될 수 있다. 그러므로 운동할 시간이 없는 사람들은 생활 습관을 바꾸어 보는 것도 좋다.

1. 맞으면 ◯, 틀리면 ✘ 하십시오.

   ❶ 일주일에 30분씩 운동하는 것이 가장 좋다. 　　　　　　　　　　(　　)
   ❷ 마라톤을 10회 뛰는 것은 3시간 동안 서 있는 것과 운동 효과가 같다. (　　)
   ❸ 자동차는 최대한 멀리 주차하고 장을 보는 것이 좋다. 　　　　　　(　　)

2. 운동 대신 할 수 있는 생활 속 습관을 찾아 쓰십시오.

   ❶ _____
   ❷ _____
   ❸ _____
   ❹ _____

3. 다음 단어를 이용해서 내용을 요약해 보십시오.

   > 운동하다/ 시간/ 없다/ 생활 습관/ 바꾸다/ 것/ 좋다

-씩	지속하다	현대인	활동하다	일반적	효과	마라톤	습관
최대한	낫다	이용하다	변화	바꾸다	시간을 내다	장을 보다	티끌 모아 태산

4-2 스트레스와 건강

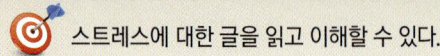 스트레스에 대한 글을 읽고 이해할 수 있다.

1 다음 증상은 언제 나타납니까? 이야기해 보십시오.

| 잠을 못 잔다 | 입맛이 없다 | 머리카락이 빠진다 |

| 폭식을 한다 | 소화가 안 된다 | 얼굴이 빨개진다 |

2 여러분에게 스트레스를 주는 요인은 무엇입니까?

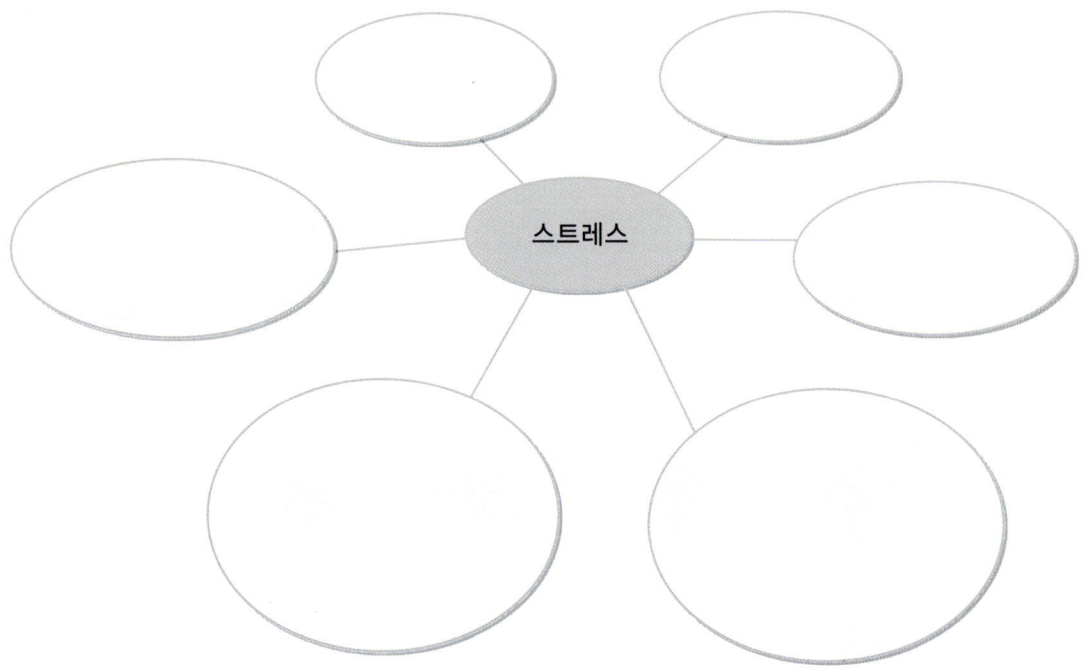

3 다음을 읽고 질문에 답하십시오.

> 사람은 누구나 스트레스를 받는다. 스트레스는 병의 원인이 되기도 하며 삶을 우울하게 만들기도 한다. 이 때문에 사람들은 스트레스를 안 좋은 것으로 생각한다.
> 그러나 스트레스가 나쁘기만 한 것은 아니다. 직장에서 정해진 시간 안에 일을 빨리 끝내야 할 때나 시험 전에 많은 양의 공부를 해야 할 때 스트레스는 오히려 긍정적인 영향을 준다. 스트레스를 받으면 긴장을 하게 되는데 이런 긴장감이 집중력을 높여 일의 능률을 높이거나 단기 기억을 잘할 수 있게 해 주는 것이다. 그리고 스트레스는 우리 몸을 보호하기도 한다. 스트레스를 받을 때 나오는 호르몬은 근육을 긴장시켜서 평소보다 더 빠르게 행동할 수 있게 해 준다. 사람이 위험한 상황에서 평소보다 더 큰 힘을 낼 수 있는 것은 바로 이런 호르몬 때문이다. 그러므로 스트레스를 받는 상황을 힘들게만 생각하지 말고 긍정적으로 생각하는 것이 좋다.

1. 글쓴이는 스트레스에 대해 어떻게 생각하고 있습니까?

   _____

2. 맞으면 ◯, 틀리면 ✗ 하십시오.
   ❶ 스트레스로 생긴 긴장감은 기억력을 높이는 데 도움을 준다.   (   )
   ❷ 일의 마감 시간 때문에 받는 스트레스는 일의 능률을 떨어뜨린다.   (   )
   ❸ 스트레스를 받으면 근육이 긴장되어 힘을 낼 수 없다.   (   )

3. 다음 단어를 이용해서 내용을 요약해 보십시오.

   적당하다/ 스트레스/ 생활/ 도움/ 되다

| 원인 | 오히려 | 긍정적 | 영향 | 긴장 | 긴장감 | 집중력 | 높이다 |
| 능률 | 단기 | 기억 | 보호하다 | 호르몬 | 근육 | 평소 | 상황 |

더 읽어 봅시다

1 요즘 여러분의 건강은 어떻습니까? 잘 읽고 ✔ 해 보십시오.

여러분의 건강 나이는 몇 살입니까?

생활 습관	네	아니요
❶ 음식을 항상 싱겁게 먹는다.	-0.5	+0.5
❷ 식사를 규칙적으로 한다.	-0.5	+0.5
❸ 육류나 기름기가 많은 요리를 좋아하고 자주 먹는다.	+0.5	-0.5
❹ 엘리베이터 대신 계단을 이용한다.	-1	+1
❺ 늦게 자고 늦게 일어난다.	+1	-1
❻ 쉽게 화를 낸다.	+1.5	-1.5
❼ 주 3회 이상 음주를 한다.	+1.5	-1.5
❽ 흡연을 한다.	+1.5	-1.5
❾ 기분 나쁜 일이 있어도 말하지 않는다.	+2	-2
❿ 스트레스를 해소하기 위해 노력한다.	-2	+2

* 계산 방법: 본인의 나이에서 10가지 항목의 점수를 더하거나 뺀 나이가 본인의 건강 나이입니다.

나의 건강 나이는 _____ 세

2 건강을 위해 자신이 하고 있는 일이나 앞으로 해야 할 일을 이야기해 보십시오.

☐ 엘리베이터보다 계단을 이용한다.
☐
☐
☐
☐

# 한국의 문화

 한국의 민간요법

체했을 때 손을 따면 혈액 순환이 잘 되어 소화가 된다.

가벼운 화상을 입었을 때 감자를 갈아 붙이면 열을 식히는 데 효과가 있다.

배가 아플 때 손으로 배를 문지르면 배가 따뜻해져서 복통이 사라진다.

멍이 들었을 때 계란으로 마사지하거나 소고기를 잘라 붙이면 멍을 없애는 데 도움이 된다.

 여러분 나라에도 민간요법이 있습니까? 간단하게 메모해 보십시오.

- 건강에 관한 단어나 문장을 써 보십시오.
- 건강과 관련된 글을 읽고 무엇을 알게 되었습니까?

05 여가

5-1	난타 공연을 보고

🎯 공연 감상문을 읽고 이해할 수 있다.

5-2	한국인의 여가 생활

🎯 한국인의 여가 생활에 대한 글을 읽고 이해할 수 있다.

📢 이야기해 보십시오.

1. 여러분은 어떤 여가 활동을 합니까?
2. 여러분 나라에서 인기 있는 여가 활동은 무엇입니까?

5-1 난타 공연을 보고

🎯 공연 감상문을 읽고 이해할 수 있다.

1 다음을 읽고 알맞은 것을 고르십시오.

영화　　　　뮤지컬　　　　전시회　　　　콘서트

❶ 대한민국 최정상 배우들이 펼치는 화려한 춤과 노래 수많은 관객들을 울린 최고의 무대가 다시 돌아온다!

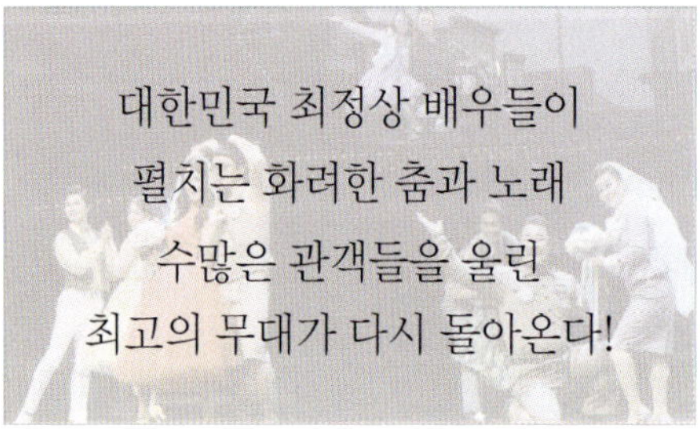

❷ 문득 세상이 아름답게 보이는 순간 올 가을 가슴 아프고 특별한 사랑이 시작된다. 10월 개봉!

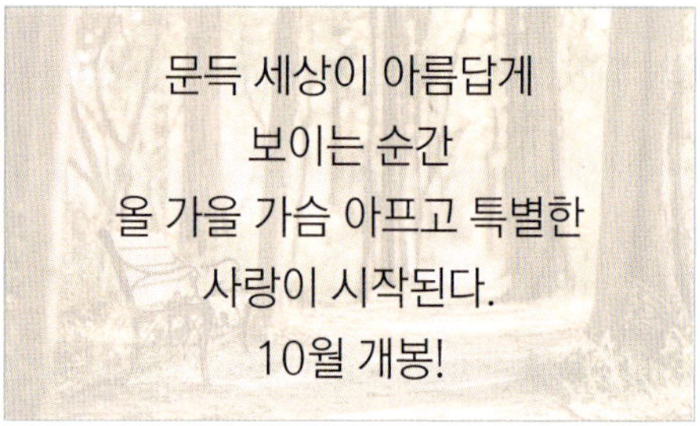

❸ 한국인이 사랑하는 사진작가 이중만 그가 찍은 세계 유명 도시의 야경을 한자리에서 만나다.

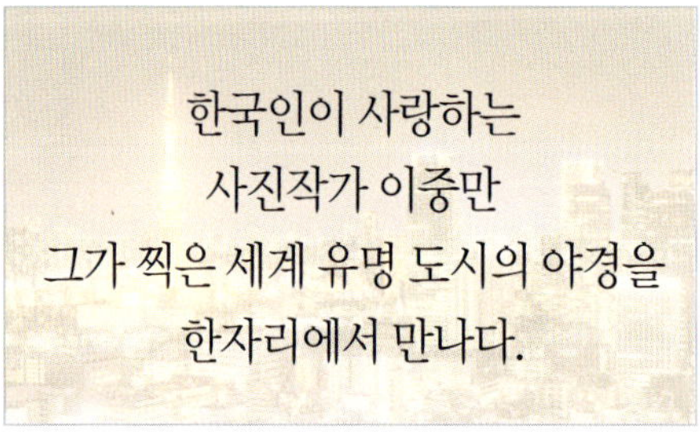

❹ 완벽한 사운드와 수많은 히트곡. 이승원의 압도적인 가창력을 만날 수 있는 무대! '공연의 신'이 선보이는 무대로 여러분을 초대합니다!

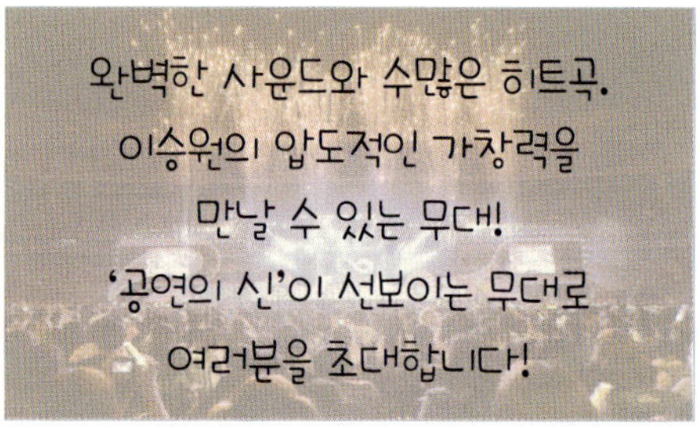

2 다음은 어떤 감정을 표현하는 것인지 알맞은 것을 연결해 보십시오.

❶ 얼굴을 찌푸리다

❷ 어깨를 들썩거리다

❸ 하품이 나오다

❹ 콧노래가 나오다

㉮ 공연이 즐겁다

㉯ 공연이 재미없다

❸ 다음을 읽고 질문에 답하십시오.

며칠 전 친구로부터 전화가 왔다. 시청 근처에서 '난타'라는 공연을 하고 있는데 마침 공짜 표가 생겼으니까 함께 보러 가자는 이야기였다. 공연장에 가 보니 외국인에게도 유명한 공연이어서 그런지 한국 사람보다 외국 사람들이 많았다.

공연의 내용은 요리사 4명이 결혼 잔치를 위해 음식을 준비하는 과정에 대한 것이었다. 특이한 것은 공연하는 내내 배우들이 대사가 아닌 몸으로 자신의 이야기를 전달한다는 점이었다. 대사가 없어서 처음에는 무슨 상황인지 어떤 이야기인지 이해가 잘 안 되었지만 계속 보니까 배우들의 표정이나 움직임만으로도 공연의 내용을 충분히 알 수 있었다.

이 공연에서 가장 볼 만한 것은 배우들이 요리를 하면서 춤을 추는 장면이었다. 악기 대신 조리 도구와 음식 재료를 이용해 다양한 소리를 내면서 춤을 추는 모습은 보고 있는 사람들의 어깨를 들썩거리게 만들었다. 또한 공연 도중 관람객이 무대에 올라가 함께 음식을 만들고 맛을 보는 시간도 있었다. 공연을 보기만 하는 것이 아니라 관객들이 직접 참여도 할 수 있다는 점이 매우 인상적이었다.

1. 이 공연의 특징은 무엇입니까?

   _____

2. 맞으면 ◯, 틀리면 ✗ 하십시오.
   ❶ 이 사람이 본 공연의 분위기는 조용했다.   (   )
   ❷ 이 공연에는 관객이 직접 참여하는 시간이 있었다.   (   )
   ❸ 이 사람은 시청역 근처에서 공연을 보았다.   (   )

3. 다음은 공연 감상평입니다. 이 글을 쓴 사람이 어떤 감상평을 썼을지 ✔ 하십시오.

좀 아쉬웠습니다.	☐
솔직히 너무 기대했나 봐요.	☐
시간 가는 줄 모를 정도였어요.	☐
누구를 위한 공연인지 잘 모르겠습니다.	☐

마침 과정 특이하다 내내 전달하다 표정 충분히 장면 도구 무대 인상적 어깨를 들썩거리다

5-2 한국인의 여가 생활

🎯 한국인의 여가 생활에 관한 글을 읽고 이해할 수 있다.

1 다음을 보고 알맞은 것을 골라 쓰십시오.

한가하다   여유가 있다   정신이 없다

시간이 남아돌다   밥 먹을 시간이 없다   눈코 뜰 새가 없다

바쁘다	바쁘지 않다

2 다음 그래프를 보고 빈칸을 채우십시오.

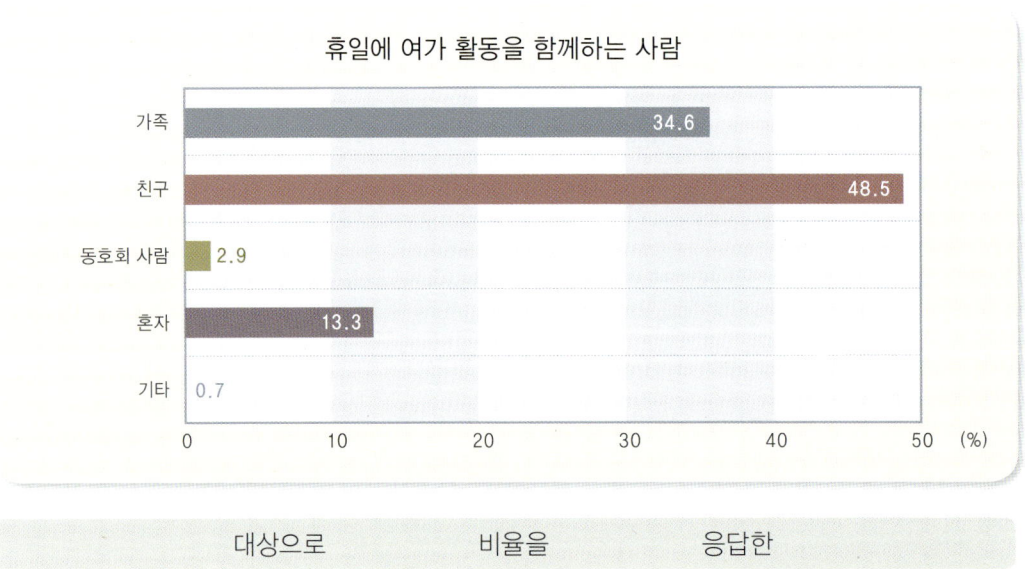

대상으로   비율을   응답한

휴일에 여가 활동을 함께하는 사람에 대해 20대 여성을 [ ] 조사한 결과, 친구와 함께 보낸다고 [ ] 사람들이 가장 많은 것으로 나타났다. 또한 가족과 함께 보내는 사람이 두 번째로 높은 [ ] 보였다. 그리고 혼자 보낸다고 대답한 사람도 13% 정도로 나타났다.

3 다음을 읽고 질문에 답하십시오.

서울 시민 휴일 여가 활동
1위는 TV·DVD 시청

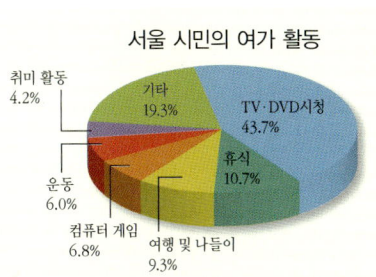

서울시는 지난 28일 서울 시민들의 여가 생활에 대해 조사한 결과를 발표했다. 이 조사는 15세 이상의 서울 시민 5만여 명을 대상으로 실시한 것이다.

조사 결과, 응답자의 43.7%는 주말이나 휴일에 하는 여가 활동이 'TV 시청'이라고 대답했고 '휴식', '아무것도 하지 않는다'라는 대답은 10.7%인 것으로 나타났다. 'TV 시청'은 작년 조사에서도 가장 많은 사람들이 응답한 것으로 지난해 조사 결과에 비해 조금 줄기는 했지만 다른 여가 활동보다는 여전히 높은 비율로 나타났다.

한편 서울 시민들이 희망하는 여가 활동은 '여행'이 29.4%로 가장 높았고 'TV 시청(18.1%)', '문화 예술 관람(11.6%)', '운동(9.3%)' 등으로 조사되었다.

여가 시간을 누구와 보내는지에 대한 질문에는 46.4%가 '가족과 함께 보낸다'고 답했고 22.5%는 '혼자 보낸다'고 답했다. '혼자 여가 시간을 보낸다'고 응답한 비율을 연령별로 살펴본 결과 30대는 13.3%, 40대는 16.2%, 50대는 21.4%, 60대는 29.7%로 나이가 들면 여가 시간을 혼자 보내는 사람의 비율이 높아진다는 것을 알 수 있었다.

조사 대상자의 46.8%가 많은 수입을 얻기 위해 오랜 시간 동안 일하는 것보다 여유로운 시간을 보내며 여가 생활을 즐기고 싶다고 대답했다. 이 결과로 보아 예전에 비해 여가 생활에 대한 관심이 더욱 증가하고 있다는 것을 알 수 있었다.

1. 누구를 대상으로 조사했습니까?

   _____

2. 다음을 읽고 맞는 것을 고르십시오.
   ❶ 운동을 하는 사람이 컴퓨터를 하는 사람보다 많다.
   ❷ 대부분의 사람들이 여가 시간을 혼자 보낸다고 응답했다.
   ❸ 가장 많은 응답자가 하고 싶은 여가 활동으로 여행을 선택했다.
   ❹ 주로 하는 여가 활동이 TV 시청인 사람은 전체의 반 이상이다.

3. 다음 단어를 이용해서 내용을 요약해 보십시오.
   ❶ 서울시/ 지난 28일/ 서울 시민/ 여가 생활/ 조사하다/ 결과/ 발표하다
   ❷ 조사 결과/ 보다/ 예전/ 여가 생활/ 관심/ 증가하다/ 것/ 알다

   조사 발표하다 대상 실시하다 줄다 여전히 희망하다 예술 살펴보다 수입 여유롭다 증가하다

 더 읽어 봅시다

① 다음은 영화 감상평입니다. 읽어 보십시오.

영화 평점

현재 상영작 평점 보기
현재 상영작 ▶

★★★★★ 10 통쾌하면서 진한 감동과 울림이 있는 이야기
★★★★★ 10 두 번이나 봤어요.^^
★★★★★ 10 절대 후회 없을 영화
★★★☆★★ 5 최고의 재료로 만든 섞이지 않은 비빔밥
★★★☆★★ 5 다들 재미있다고 그래서 봤는데 별로…. 영화 보는 내내 하품했어요.
★★★★★ 4 아무 생각 없이 보기 좋은 오락 영화. 그 이상 그 이하도 아니다.
★★★★★ 1 기대 이하. 그리고 지루했습니다.
★★★★★ 1 기대에서 실망으로

② 여러분이 최근에 본 영화는 어땠습니까? 감상평을 써 보십시오.

영화 제목	
☆☆☆☆☆	

한국의 문화

 한국의 인기 스포츠

한국인에게 인기가 있는 여가 활동 중 하나는 스포츠 관람이다. 스포츠에는 많은 종류가 있는데 한국인들이 가장 많이 관람하는 스포츠로는 먼저 야구를 들 수 있다. 그리고 축구와 농구, 배구의 순으로 이어진다. 한국의 프로 야구는 10개의 팀으로 이루어져 있고 축구는 12개의 팀 그리고 농구는 남자 10팀, 여자 6팀이다. 또한 배구는 남자가 7팀, 여자가 6팀이다. 프로 야구와 축구는 봄과 가을에 걸쳐 경기를 치르며 프로 농구와 배구는 가을부터 봄까지 경기를 한다.

 여러분이 하고 싶은 여가 활동은 무엇입니까? 간단하게 메모해 보십시오.

- 여가에 관한 단어나 문장을 써 보십시오.
- 여가와 관련된 글을 읽고 무엇을 알게 되었습니까?

06 생활 정보

6-1 생활 속 팔방미인, 레몬
🎯 레몬의 다양한 활용 방법에 대한 글을 읽고 이해할 수 있다.

6-2 불면증 극복 방법
🎯 불면증을 극복하는 방법에 대한 글을 읽고 이해할 수 있다.

📢 **이야기해 보십시오.**

1. 여러분은 생활 정보를 주로 어디에서 얻습니까?
2. 여러분이 알고 있는 유용한 생활 정보는 무엇입니까?

6-1 생활 속 팔방미인, 레몬

 레몬의 다양한 활용 방법에 대한 글을 읽고 이해할 수 있다.

1 다음을 활용하여 할 수 있는 일을 보기 에서 골라 보십시오.

| 보기 | 냉장고 냄새 없애기 | 신발 냄새 없애기 | 요리 재료로 사용하기 |
| | 가죽 제품 닦기 | 전자레인지 청소하기 | 차로 끓여 마시기 |

❶

❷

❸

❹

2 관계있는 것을 골라 연결하십시오.

❶ 청소 •   • ㉮ 세탁기 돌리기, 빨래 삶기, 빨래 널기

❷ 빨래 •   • ㉯ 그릇 닦기, 그릇 헹구기

❸ 설거지 •   • ㉰ 청소기 돌리기, 쓸기, 닦기

3 다음을 읽고 질문에 답하십시오.

여러 분야에서 다양한 재능을 가지고 있는 사람을 팔방미인이라고 한다. 과일 중에서 팔방미인을 꼽는다면 레몬이 가장 먼저 떠오른다. 레몬처럼 다양하게 활용되는 과일이 또 있을까? 레몬은 요리의 재료로 사용하거나 청소, 빨래를 할 때 등 생활 곳곳에서 다양하게 이용할 수 있다.

레몬은 보통 주스나 차로 만들어서 마신다. 물이나 음료수에 레몬을 넣어서 먹으면 비타민C의 섭취가 잘되어 피로를 풀 수 있다. 그리고 몸속의 지방도 제거되어 다이어트에도 도움이 된다. 또한 요리의 재료로 사용하면 음식이 쉽게 상하는 것을 막아 주고 고기를 부드럽게 해 주기도 한다.

냄새를 없애는 데에도 레몬이 효과적이다. 오븐이나 전자레인지에 레몬 조각을 넣어 5분 정도 돌리면 나쁜 음식 냄새가 없어지고 상큼한 레몬 향기도 남아서 좋다. 또 냉장고 여기저기에 레몬 조각을 넣어 두면 냉장고 냄새도 줄어든다.

이 밖에 옷을 삶을 때 세제 대신 레몬을 넣으면 옷을 하얗게 만드는 데 도움이 된다. 설거지를 할 때 레몬 물을 사용하면 그릇에 남은 기름때를 쉽게 닦을 수 있고 더러워진 주전자에 레몬 껍질을 넣고 끓이면 손이 닿지 않는 곳까지 깨끗하게 씻을 수 있다.

1. 이 글에서는 왜 레몬을 '팔방미인'이라고 했습니까?
   _____

2. 맞으면 ◯, 틀리면 ✗ 하십시오.
   ① 레몬차는 피로를 푸는 데 도움이 된다.   (   )
   ② 레몬은 요리를 하거나 집안일을 할 때 이용할 수 있다. (   )
   ③ 냉장고에 레몬 물을 넣어 두면 냄새가 없어진다.   (   )

3. 각 단락에 제목을 붙여 보십시오.
   1단락 _____
   2단락 _____
   3단락 _____
   4단락 _____

| 분야 | 재능 | 팔방미인 | 활용되다 | 섭취 | 지방 | 제거되다 |
| 상하다 | 효과적 | 상큼하다 | 향기 | 조각 | 삶다 | 주전자 | 닿다 |

6-2 불면증 극복 방법

 불면증을 극복하는 방법에 대한 글을 읽고 이해할 수 있다.

1 다음 중 자신의 생활 습관에 해당하는 것을 찾아 ✅ 해 보십시오.

- ☐ 불을 켜 놓고 잔다.
- ☐ 자기 전 이불 속에서 스마트폰을 본다.
- ☐ 저녁에 심한 운동을 한다.
- ☐ 저녁을 자주 굶는다.
- ☐ 늦은 밤까지 통화를 한다.
- ☐ 주말에 몰아서 잔다.
- ☐ 달콤한 디저트를 즐겨 먹는다.
- ☐ 저녁 식사 시간이 늦거나 야식을 즐겨 먹는다.
- ☐ 음주나 흡연을 자주 한다.
- ☐ 커피, 에너지 드링크 등 카페인 음료를 즐겨 마신다.

 ✅ 한 것이 5개 이상이면 당신은 불면증을 겪고 있을 가능성이 높습니다. 작은 습관 하나도 불면증의 원인이 될 수 있으므로 숙면을 위한 환경을 만들어 줄 필요가 있습니다.

2 다음은 어떤 상황에서 느끼는 감정입니까? 이야기해 보십시오.

긴장감	불안감
중요한 약속 시간에 늦었을 때	중요한 시험을 앞두고 있을 때
모르는 곳에 여행가서 길을 잃어버렸을 때	좋아하는 사람에게 고백하기 전

3 다음을 읽고 질문에 답하십시오.

　사람은 평균 8시간 정도 잠을 자야 한다. 그러나 현대인들은 바쁜 일과와 많은 업무 때문에 생긴 스트레스로 잠을 제대로 자지 못하는 경우가 많다. 또한 일상생활에서 생긴 긴장감이나 불안감도 불면증의 원인이 된다.
　불면증을 극복할 수 있는 방법은 다음과 같은 것이 있다. 첫째, 잠이 들기 전에 심한 운동은 피한다. 심한 운동 대신에 가벼운 스트레칭으로 몸의 긴장을 풀어 주면 잠을 잘 잘 수 있다. 둘째, 발을 따뜻하게 한다. 자기 전에 따뜻한 물로 발을 씻거나 수면 양말을 신고 자면 가벼운 불면증을 해결할 수 있다. 셋째, 침실을 어둡게 한다. 숙면하기 위해서는 우선 취침 공간이 어두워야 한다. 어두운 환경에서 더 깊은 잠을 잘 수 있기 때문이다. 마지막으로 잠이 오지 않으면 일어나서 다른 행동을 하는 것이 좋다. 잠이 오지 않을 때 억지로 자려고 하지 말고 일어나서 가벼운 책을 읽거나 편안한 음악을 들으면 잠드는 데 도움이 된다.
　숙면을 도와주는 음식으로는 양파가 있는데 양파의 향이 마음을 편안하게 해 주어서 잠을 잘 잘 수 있게 해 주기 때문이다. 불면증이 있는 경우 저녁 식사 때 양파 반 개 정도를 먹으면 숙면하는 데 도움이 된다. 만약 양파가 매워서 먹기 힘들다면 양파를 반으로 잘라서 머리 위에 놓아두는 것도 효과가 있다.

1. 현대인들이 불면증을 겪고 있는 이유는 무엇입니까?
　_____

2. 맞으면 ◯, 틀리면 ✘ 하십시오.
　❶ 자기 전에 가벼운 스트레칭을 하면 잠을 잘 잘 수 있다.　　(　　)
　❷ 불면증을 극복하기 위해서는 책을 많이 읽는 것이 좋다.　　(　　)
　❸ 양파 냄새를 맡으면 숙면하는 데 도움이 된다.　　　　　　(　　)

3. 불면증을 극복할 수 있는 방법을 찾아 쓰십시오.
　❶ _____
　❷ _____
　❸ _____
　❹ _____
　❺ _____

평균　일과　업무　제대로　일상생활　피하다　숙면하다　우선　환경　억지로

더 읽어 봅시다

1 다음은 유용한 생활 정보입니다. 읽어 보십시오.

유리창을 깨끗하게 닦는 방법

유리창을 닦을 때는 신문지가 가장 효과적이에요. 유리창에 물을 조금 뿌린 다음 마른 신문지로 닦으면 물걸레로 닦을 때보다 훨씬 깨끗하게 닦을 수 있어요.

유통 기한이 지난 우유를 활용하는 방법

유통 기한이 지난 우유를 버리지 말고 다양한 곳에 활용해 보세요. 세수할 때나 샤워할 때 우유를 사용하면 피부가 하얗고 촉촉해져요. 또 우유를 빈 컵에 부어서 냉장고에 넣어 두면 나쁜 냄새를 없앨 수 있어요.

2 여러분이 알고 있는 유용한 생활 정보에는 어떤 것이 있습니까?

- ☐ 냉장고에 레몬 조각을 넣어 두면 나쁜 냄새를 없앨 수 있다.
- ☐ 불면증이 있을 때 양파 냄새를 맡는 것이 도움이 된다.
- ☐ 유리창을 청소할 때 _____
- ☐ _____
- ☐ _____

한국의 문화

 한국의 금기

　　금기 사항은 대부분 문화적 의미를 담고 있다. 한국에도 전통적으로 지켜야 할 금기가 많이 있는데 대표적인 것이 숫자 '4(사, 四)'의 사용을 피하는 것이다. 숫자 '4'는 죽음을 뜻하는 한자 '死(사)'와 발음이 같아 죽음과 관련지어서 생각하였다. 그래서 병원, 숙박 시설, 선실, 건물 등의 층수에서는 숫자 '4'를 쓰지 않는 경우도 있다.

　　또한 시험을 앞두고는 미역국을 먹지 않는다. 이는 미역의 미끄러운 특성 때문에 미역을 먹으면 시험에서 떨어진다고 생각했기 때문이다. 그리고 시험을 치기 전에 머리를 자르거나 목욕하는 것을 피하기도 한다.

　　이 밖에 '빨간색으로 이름을 쓰면 안 된다', '문지방 위에 서면 안 된다', '밤에 손톱을 깎으면 안 된다' 등의 금기 사항도 널리 알려져 있다.

 여러분 나라에는 어떤 금기가 있습니까? 간단하게 메모해 보십시오.

- 생활 정보에 관한 단어나 문장을 써 보십시오.
- 생활 정보와 관련된 글을 읽고 무엇을 알게 되었습니까?

07 교통

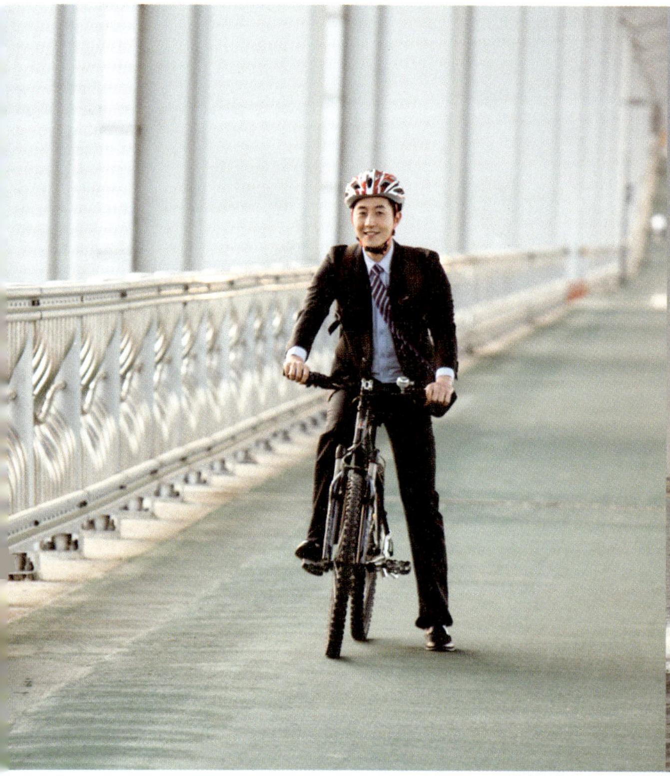

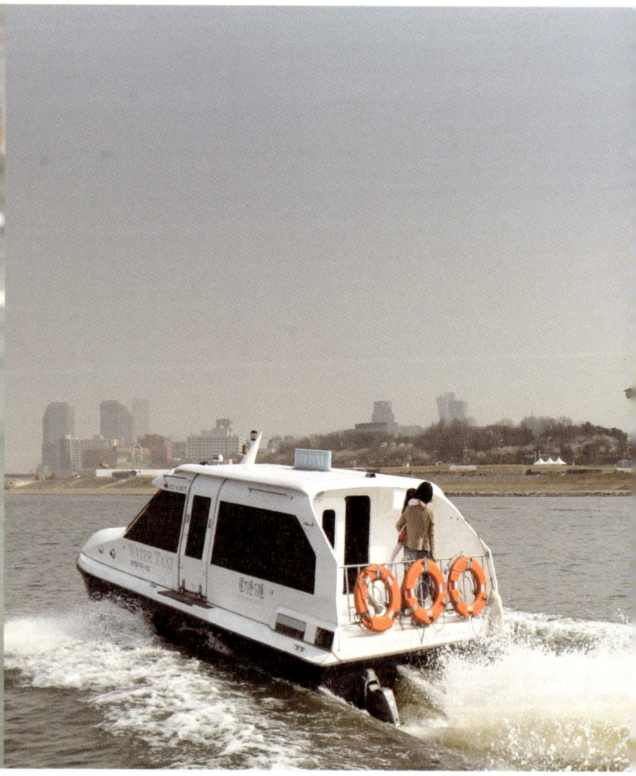

1과 대중문화 – 2과 여행 – 3과 축제 – 4과 건강 – 5과 여가 – 6과 생활 정보 – 7과 교통 – 8과 직업 – 9과 집 – 10과 대인 관계

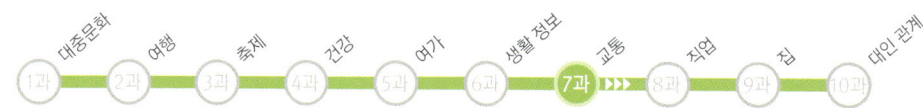

7-1 지구촌의 독특한 교통수단
🎯 독특한 교통수단에 대한 글을 읽고 이해할 수 있다.

7-2 미래의 교통수단
🎯 미래의 교통수단에 대한 글을 읽고 이해할 수 있다.

📢 **이야기해 보십시오.**

1. 여러분 나라에는 어떤 대중 교통수단이 있습니까?
2. 자주 이용하는 교통수단이 무엇입니까?

7-1 지구촌의 독특한 교통수단

 독특한 교통수단에 대한 글을 읽고 이해할 수 있다.

1 다음은 다양한 교통수단입니다. 보기 에서 알맞은 것을 고르십시오.

보기	마차	여객선	지프차	열기구	수레
	여객기	잠수함	헬리콥터	수상 택시	

❶

_____

❷

_____

❸

_____

❹

_____

❺

_____

❻

_____

❼

_____

❽

_____

❾

_____

2 다음의 교통수단과 관계있는 것을 고르십시오.

| 이륙하다 | 승차하다 | 역 | 승차권 |
| 착륙하다 | 하차하다 | 공항 | 탑승권 |

기차

비행기

3 다음을 읽고 질문에 답하십시오.

> 나라마다 다양한 교통수단이 있다. 여행을 가서 그 나라의 교통수단을 이용해 보면 현지의 문화를 체험해 볼 수 있다.
> 먼저 필리핀의 지프니는 필리핀 사람들의 대중 교통수단으로 버스와 지프차의 중간 형태이다. 보통 한 번에 15~20명이 타는데 가격이 저렴하며 정류장이 따로 없어서 어디에서나 타고 내릴 수 있다. 각각의 지프니는 운전자의 개성을 살려 여러 색과 다양한 장식으로 화려하게 꾸민 것이 특징이다.
> 이탈리아 베네치아의 곤돌라는 원래 시내의 물길을 따라 이동할 때 이용하던 교통수단이었는데 요즘은 주로 관광 상품으로 활용되고 있다. 뱃사공들이 불러 주는 노래를 배경으로 프러포즈를 하는 연인들의 모습도 볼 수 있어 여행객들에게 색다른 재미를 더해 준다.
> 호주 시드니의 노란색 수상 택시도 유명하다. 택시를 타면 시드니의 아름다운 바다 풍경을 감상하고 주요 관광 명소를 둘러볼 수 있어서 관광객에게 인기가 많다. 아름다운 시드니의 야경을 감상할 수 있는 저녁 시간에는 수상 택시를 타기 위해 기다리는 사람이 많다.
> 일본의 인력거는 관광지에서 흔히 볼 수 있는 교통수단이다. 인력거를 끄는 사람이 수레에 1~2명의 관광객을 태우고 다니면서 관광지에 대한 설명과 사진 촬영도 해 준다. 요금은 타는 시간과 사람 수에 따라 다르다.

1. 맞으면 ○, 틀리면 ✗ 하십시오.
   ① 곤돌라는 연인들을 위한 관광 상품이다. ( )
   ② 저녁에 수상 택시를 타려면 기다려야 한다. ( )
   ③ 인력거 요금은 타는 사람 수와 시간에 따라 달라진다. ( )

2. 이 글을 읽고 내용을 정리해 보십시오.

국가				
교통수단 이름				
교통수단 특징				

3. 다음 단어를 이용해서 내용을 요약해 보십시오.

   그 나라/ 교통수단/ 이용하다/ 현지/ 문화/ 체험하다

   형태 장식 꾸미다 물길 뱃사공 배경 프러포즈 색다르다 더하다 주요 감상하다 흔히

7-2 미래의 교통수단

🎯 미래의 교통수단에 대한 글을 읽고 이해할 수 있다.

1 다음은 미래의 교통수단입니다. 보기 에서 알맞은 것을 고르십시오.

| 보기 | 비행 기차 | 무인 버스 | 1인용 비행 장치 | 비행 배 |

❶ _____

❷ _____

❸ _____

❹ _____

2 보기 에서 알맞은 것을 고르십시오.

| 보기 | 개발에 | 예측을 | 기대되다 |

한 기업에서 불가능할 것이라는 _____ 깨고 20년 만에 새로운 비행 장치 _____ 성공하였다. 이는 우리의 생활을 더욱 편리하게 변화시킬 것으로 _____.

3 다음을 읽고 질문에 답하십시오.

> 미래의 교통수단은 지금과 어떻게 달라질까? 과학자들이 예측하는 미래의 교통수단에 대해 알아보자.
> 먼저 사람들에게 가장 잘 알려진 것은 무인 자동차이다. 이 자동차는 스스로 목적지까지 이동할 수 있기 때문에 사람이 운전할 필요가 없다. 현재 많은 기업이 무인 자동차 개발을 위해 노력하고 있으며 이미 성공한 사례도 있다. 무인 자동차가 나오면 남녀노소 누구나 쉽고 편리하게 이용할 수 있을 것으로 기대된다.
> 다음으로 많이 알려진 것은 1인용 비행 장치이다. 이 비행 장치는 뉴질랜드의 한 기업에서 개발했는데 이것을 옷처럼 입으면 언제 어디서나 하늘을 날아갈 수 있다. 이 장치는 개발된 직후 많은 사람들의 관심을 끌었는데 앞으로 인명 구조나 소방 활동과 같은 다양한 목적으로 상용화될 예정이다.
> 마지막으로 하늘을 나는 배와 기차도 개발 중이다. 비행 배는 물 위를 떠서 고속으로 이동할 수 있는 교통수단인데 비행기보다 운송 비용이 저렴하며 배보다 빠른 것이 장점이다. 또한 비행 기차는 열차를 비행기에 붙여 이동할 수 있는 것으로 기차와 비행기를 다 타야 할 경우 갈아타는 불편함 없이 이용할 수 있다.
> 이와 같은 새로운 교통수단의 발명은 우리의 생활을 더욱 편하게 해 줄 것으로 기대된다.

1. 글쓴이는 교통수단의 발전에 대해 어떻게 생각하고 있습니까?
   ❶ 긍정적　　　❷ 중립적　　　❸ 부정적　　　❹ 비판적

2. 맞으면 ◯, 틀리면 ✗ 하십시오.
   ❶ 무인 자동차 개발에 성공한 기업이 있다. 　　　　　　　　　(　　)
   ❷ 1인용 비행 장치는 현재 소방 활동에 많이 쓰이고 있다. 　　(　　)
   ❸ 비행 배는 고속으로 이동하므로 비행기보다 운송 비용이 많이 든다. (　　)

3. 다음 단어를 이용해서 내용을 요약해 보십시오.
   ❶ 미래/ 교통수단/ 무인 자동차/ 1인용 비행 장치/ 하늘을 나는 배와 기차/ 있다
   ❷ 교통수단/ 발명/ 우리/ 생활/ 편하다

| 스스로 | 목적지 | 사례 | 날아가다 | 직후 | 인명 | 구조 | 소방 |
| 상용화 | 뜨다 | 고속 | 운송 | | 장점 | 열차 | 발명 |

 ## 더 읽어 봅시다

1 다음은 한국의 환승 할인 제도입니다. 읽어 보십시오.

한국에서는 교통 카드 한 장으로 전국의 교통수단을 이용할 수 있다. 또한 환승 할인 제도가 있어 환승을 할 때 할인 혜택도 받을 수 있는데 시내버스와 마을버스, 지하철 등 어느 교통편을 이용해도 환승 할인이 가능하다. 환승 할인은 내린 후 30분 이내, 4회까지 가능하다. 단, 차량에서 내릴 때에도 교통 카드를 반드시 단말기에 접촉해야 한다.

환승 할인 유효 시간은 내리신 후 30분 이내 (오후 9시부터 오전 9시까지는 1시간)

- 내릴 때 단말기에 교통 카드를 반드시 접촉해야 환승 할인이 됩니다. 환승 시에는 동일한 교통 카드를 사용해야 할인 혜택 적용
- 환승 할인 횟수는 4회 환승(5개 수단 탑승)까지 가능합니다.
- 동일 노선 번호의 버스 간에는 환승 할인이 적용되지 않습니다.

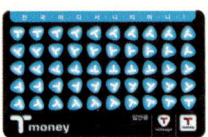 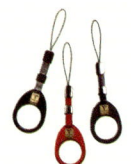  

카드형 교통 카드　　고리형 교통 카드　　버스 단말기　　지하철 단말기

2 여러분 나라에도 편리한 대중교통 제도가 있습니까? 소개해 보십시오.

한국의 문화

한국의 자동차

한국 최초의 자동차는 1903년에 수입된 고종 황제의 자동차이다. 그 후 1955년에는 서울에 사는 최 씨 형제에 의해 '시발(始發)'이라는 이름의 한국 최초의 자동차가 만들어졌다. 이 자동차는 당시에 큰 인기를 얻어 서울 시내에서 택시로 사용되기도 했다. 1975년에는 순수 한국 기술로 현대에서 '포니(PONY)'를 개발했으며 대량으로 생산하여 수출까지 했다. 이를 시작으로 한국의 자동차 산업은 지속적인 발전을 했고 현재는 친환경 자동차를 개발하는 등 눈부시게 성장하고 있다.

고종 황제의 자동차   시발 자동차   포니 자동차

여러분 나라의 자동차 역사에 대한 정보를 찾아 간단하게 메모해 보십시오.

생각해 봅시다. Let's think!

- 교통수단에 관한 단어나 문장을 써 보십시오.
- 교통수단과 관련된 글을 읽고 무엇을 알게 됐습니까?

08 직업

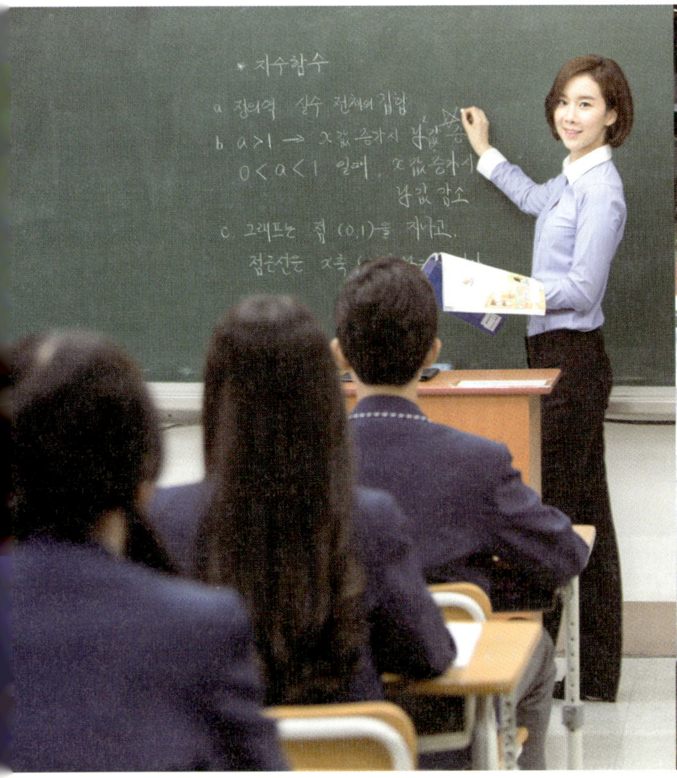

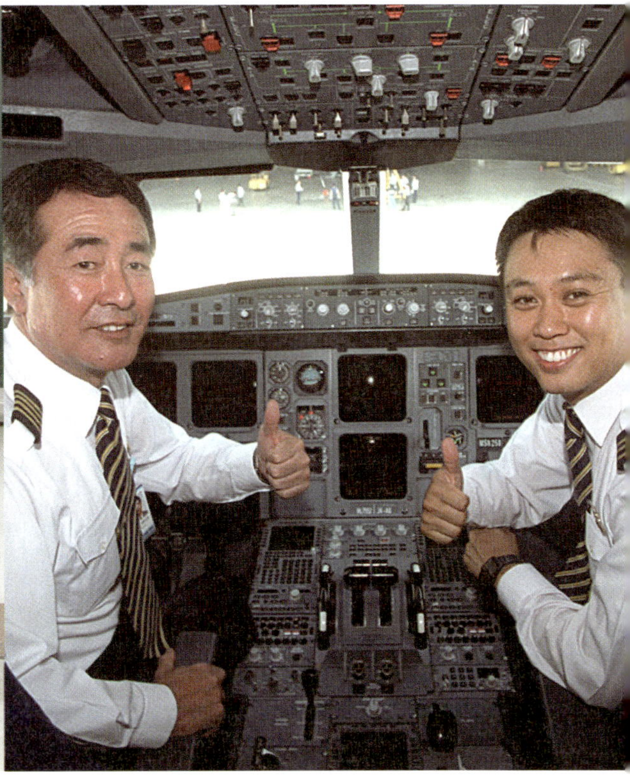

1과 대중문화 · 2과 여행 · 3과 축제 · 4과 건강 · 5과 여가 · 6과 생활 정보 · 7과 교통 · **8과 직업** · 9과 집 · 10과 대인 관계

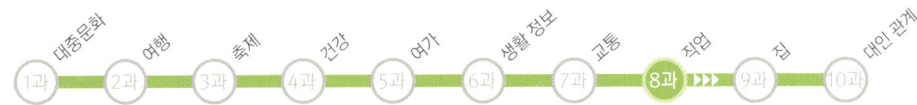

| 8-1 | **직업의 변화**
🎯 직업의 변화에 대한 글을 읽고 이해할 수 있다.

| 8-2 | **직업과 적성**
🎯 직업과 적성에 대한 글을 읽고 이해할 수 있다.

🔺 이야기해 보십시오.

1. 어렸을 때 꿈은 무엇이었습니까?
2. 여러분이 하고 싶은 일은 무엇입니까?

8-1 직업의 변화

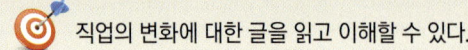
직업의 변화에 대한 글을 읽고 이해할 수 있다.

1 여러분 나라에서 인기 있는 직업은 무엇입니까?

디자이너	변호사	공무원	경영 컨설턴트
방송인	의사	경찰관	회사원
아나운서	교수	교사	기타 ( )

2 다음을 보고 빈칸을 채우십시오.

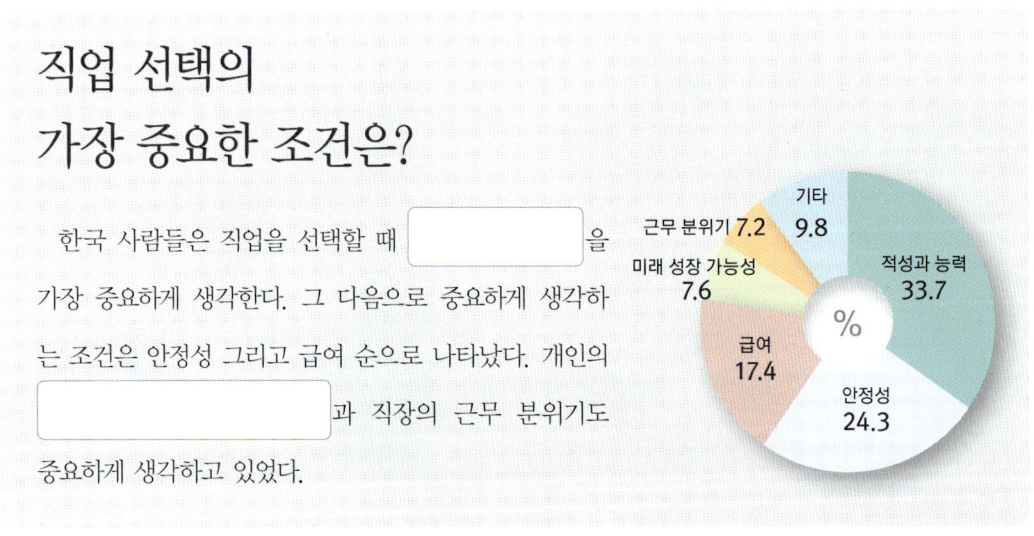

직업 선택의 가장 중요한 조건은?

한국 사람들은 직업을 선택할 때 _____ 을 가장 중요하게 생각한다. 그 다음으로 중요하게 생각하는 조건은 안정성 그리고 급여 순으로 나타났다. 개인의 _____ 과 직장의 근무 분위기도 중요하게 생각하고 있었다.

- 적성과 능력 33.7
- 안정성 24.3
- 급여 17.4
- 미래 성장 가능성 7.6
- 근무 분위기 7.2
- 기타 9.8

● 여러분이 중요하게 생각하는 직업의 조건은 무엇입니까?

3 다음을 읽고 질문에 답하십시오.

> 　직업은 사회를 보여 주는 거울과 같다. 직업의 변화를 보면 그 사회의 변화를 알 수 있기 때문이다. 시대가 변하면서 오랫동안 있었던 직업들이 사라지기도 하고 새로운 직업들이 생기기도 한다. 한국에서는 1940년대부터 1970년대까지 '전화 교환원, 물장수, 타이피스트'와 같은 직업이 매우 인기가 있었다. 그러나 지금은 우리 주위에서 이러한 직업들을 찾아 볼 수 없다. 사회가 변화하면서 사라졌기 때문이다.
> 　그렇다면 직업은 지금 어떻게 변화하고 있을까? 과학의 발달은 직업에도 큰 영향을 미쳤다. 과학의 발달로 사람들의 평균 수명이 늘면서 개인의 건강을 예전보다 중요하게 생각하게 되었다. 이 때문에 건강에 관련된 직업이 다양해졌다. 기존에 있었던 의사나 간호사와 같은 의학 관련 직업뿐만 아니라 헬스 트레이너와 같이 건강 관리를 돕는 직업도 나타나게 되었다. 노인 인구가 늘어나면서 재활 치료사나 노인 상담 복지사와 같이 노인과 관련된 직업도 나타났다.
> 　환경의 변화도 직업의 변화에 영향을 주었는데 날씨와 관련된 직업으로 그 점을 알 수 있다. 전에는 날씨와 관련된 직업으로 날씨를 알려 주는 기상 캐스터가 있었다. 하지만 최근에는 환경의 변화로 기후를 미리 예상하기 어려워지면서 기후 정보를 분석하여 정보를 제공하는 기상 컨설턴트와 같은 전문 직업이 생겨났다.
> 　이 밖에 사람들의 대중문화에 대한 관심은 연예인, 프로 운동선수 등의 직업이 어느 때보다 인기 있는 직업이 되게 하였다.
> 　하지만 시대의 변화에도 변함없이 꾸준히 인기가 있는 직업들도 있다. 변호사나 공무원, 교사와 같은 직업들이 그것이다. 이러한 직업은 직업의 안정성과 전문성이 높아 시대의 변화에도 계속해서 높은 인기를 얻고 있다.

1. 직업이 변화하는 이유가 <u>아닌</u> 것은 무엇입니까?
   ① 환경이 변화해서
   ② 평균 수명이 늘어나서
   ③ 안정적인 직업의 인기 때문에
   ④ 대중문화에 대한 관심이 증가해서

2. 맞으면 ◯, 틀리면 ✗ 하십시오.
   ① 날씨와 관련된 새로운 직업이 나타났다.　　　　　　　(　　　)
   ② 직업은 인기가 줄어도 없어지지는 않는다.　　　　　　(　　　)
   ③ 건강과 관련된 직업이 다양해졌다.　　　　　　　　　(　　　)

3. 다음 단어를 이용해서 내용을 요약해 보십시오.
   ① 시대/ 변하다/ 직업/ 다양해지다
   ② 안정성/ 전문성/ 높다/ 직업/ 꾸준히/ 인기/ 얻다

| 변하다 | 오랫동안 | 사라지다 | 새롭다 | 평균 | 수명 | 기존 | 상담 | 기상 |
| 캐스터 | 기후 | 예상하다 | 분석하다 | 제공하다 | 전문 | 생겨나다 | 계속하다 | |

8-2 직업과 적성

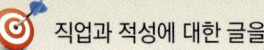 직업과 적성에 대한 글을 읽고 이해할 수 있다.

1 이 사람들에게 어떤 직업이 어울립니까? 이야기해 보십시오.

| 건축가 | 회계사 | 여행 작가 | 항공기 조종사 |

❶ 일에 대한 책임감이 강하다. 갑자기 문제가 생겨도 당황하지 않고 매우 침착하게 행동하여 문제를 잘 해결한다.

❷ 사람을 만나 이야기하는 것을 좋아한다. 다양한 문화에 관심이 많아 여행을 좋아하며 자신이 경험한 것들을 블로그에 올리고 있다.

❸ 일을 할 때 매우 꼼꼼하다. 사물을 보고 그대로 그리거나 무언가를 직접 만드는 것을 좋아한다.

❹ 약속이나 규칙을 매우 중요하게 생각한다. 계획을 세워 효율적으로 일을 하며 계산이 정확하여 실수가 적다.

2 알맞은 의미를 찾아 연결하십시오.

❶ 수리 능력 • • ㉮ 말의 의미를 정확하게 이해하고 빠르고 정확하게 말할 수 있다.

❷ 언어 능력 • • ㉯ 숫자 계산을 좋아하며 계산을 빠르고 정확하게 할 수 있다.

❸ 공간 지각 능력 • • ㉰ 갑자기 일어난 일의 상황을 빠르게 판단하여 이에 맞는 행동을 할 수 있다.

❹ 순간 판단 능력 • • ㉱ 평면의 그림을 보고도 물체의 실제 위치와 크기, 모양을 알 수 있다.

3 다음을 읽고 질문에 답하십시오.

행복한 건축가 김진우 소장을 만나다

    4월의 어느 날, 그가 직접 지은 사무실에서 만난 김진우 소장의 표정은 창으로 들어오는 햇살만큼 따뜻했다.
    김진우 소장이 건축가를 꿈꾸게 된 계기는 작은 것에서 시작되었다. 고등학교 때 실시한 적성 검사에서 '공간 지각 능력'이 매우 높게 나왔기 때문이었다. 공간 지각 능력이란 종이에 그려진 평면의 그림을 보고 실제 크기와 모양을 알아내는 능력을 말하는데 이는 설계도를 보고 건물을 짓는 건축가에게는 매우 중요한 능력이라고 할 수 있다.
    그는 그림을 그리고 무언가를 만드는 것을 좋아했기 때문에 건축학과에 입학하였다. 대학에서 자신의 생각을 설계도로 그리고 실제 모형으로 만들어 보는 일은 그에게 너무나 즐거운 일이었다. 하지만 대학을 졸업하고 경험한 실제 건축 현장은 학교와는 너무나도 달랐다. 밤을 새우면서 일해야 하는 날도 많았기 때문에 육체적으로도 매우 힘든 시간이었다. 그는 만약 건축이 자신의 적성과 맞지 않는 일이었다면 계속 할 수 없었을 것이라고 말한다. 놀이를 할 때 몸이 지치고 힘들어도 즐거운 것처럼 자신의 적성에 맞는 일을 했기 때문에 힘든 상황에서도 일을 즐기면서 할 수 있었다는 것이다.
    이야기를 하면서 자신이 지은 건물 구석구석을 따뜻하게 바라보고 있는 김진우 소장에게서 건축에 대한 애정이 느껴졌다. 그는 자신이 지은 집에서 살 사람들을 생각하며 오늘도 행복한 건축을 하고 있다.
    30년 건축가의 삶, 그는 아직도 건축이 즐겁다.

1. 김진우 소장이 건축가가 된 계기는 무엇입니까?
   ❶ 건축에 대한 애정이 있기 때문에
   ❷ 자신의 적성이 건축과 잘 맞아서
   ❸ 대학에서 건축을 전공했기 때문에
   ❹ 자신이 살 편하고 좋은 집을 짓고 싶어서

2. 맞으면 ⭕, 틀리면 ❌ 하십시오.
   ❶ 대학에서 전공하는 것이 생각한 것과 달라서 어려움을 겪었다.   (   )
   ❷ 건축은 밤을 새우는 일이 많고 힘든 일이다.   (   )
   ❸ 김진우 소장은 30년 동안 건축 일을 하고 있다.   (   )

3. 다음 단어를 이용해서 내용을 요약해 보십시오.
   ❶ 이 사람/ 건축가/ 되다/ 계기/ 고등학교 때/ 나오다/ 적성 검사/ 결과
   ❷ 힘들다/ 일/ 적성/ 맞다/ 즐기다/ 하다

계기	적성	검사	설계도	건물	모형	건축
현장	새우다	육체적	구석구석	애정	삶	

더 읽어 봅시다

1 다음을 읽고 자신에게 맞는 직업을 찾아 보십시오.

Q1	처음 보는 사람과도 이야기를 잘 하고 금방 친해진다.	Y(3번) / N(2번)
Q2	밖에서 노는 것보다 집에서 편안하게 있는 것이 더 좋다.	Y(5번) / N(4번)
Q3	연예, 스포츠, 패션, 영화 등 요즘 가장 인기 있는 것을 잘 안다.	Y(4번) / N(5번)
Q4	다른 사람과 나를 비교해서 생각할 때가 많다.	Y(7번) / N(6번)
Q5	주변 일을 신경 쓰지 않고 내 일만 꾸준히 해 나가는 스타일이다.	Y(8번) / N(6번)
Q6	고민이 생기면 잠을 잘 못 자거나 식욕이 없어진다.	Y(8번) / N(9번)
Q7	나서지 않아도 주위 사람들이 반장 등으로 뽑아 준다.	Y(10번) / N(11번)
Q8	많은 사람 앞에서는 긴장을 하고 서투르다.	Y(11번) / N(12번)
Q9	이성에게 인기가 있다.	Y(13번) / N(14번)
Q10	연예인 사생활이나 스캔들을 많이 알고 이야기도 많이 한다.	Y(15번) / N(14번)
Q11	나에게 흥미 없는 일이면 조금이라도 하고 싶지 않다.	Y(16번) / N(17번)
Q12	사회 현상과 관련된 전문 용어의 의미를 설명할 수 있다.	Y(18번) / N(17번)
Q13	나는 개성이 강하다.	Y(16번) / N(18번)
Q14	모임의 분위기를 좋게 하는 사람이다.	Y(20번) / N(19번)
Q15	낯선 장소, 사람들과의 생활도 잘 해낸다.	Y(20번) / N(14번)
Q16	인터넷을 밤새 할 수 있다.	Y(A) / N(B)
Q17	한 끼를 굶어도 맛없는 음식은 안 먹는다.	Y(B) / N(C)
Q18	강아지, 토끼 같은 애완동물을 기르는 것을 정말 좋아한다.	Y(C) / N(D)
Q19	앞에 나서기보다는 뒤에서 도와주는 역할이 편하다.	Y(D) / N(E)
Q20	부모님께 받은 훌륭한 장점들을 금방 떠올릴 수 있다.	Y(E) / N(F)

A type
재미있어야 호기심을 갖는 재주꾼
(논리적이며 머리가 좋으므로 컴퓨터 관련 일)

직업: 엔지니어, 전자 출판 기능사, 컴퓨터 그래픽 디자이너, 프로그래머, 웹디자이너 등

B type
섬세하고 다정한 미다스(Midas)
(감수성과 상상력이 필요한 예술 관련 일)

직업: 푸드/ 인테리어 코디네이터, 이벤트 기획자, 미술관 큐레이터, 음식 평론가 등

C type
봉사 정신이 큰 천사
(다른 사람의 말을 들으며 돕는 일)

직업: 교사, 한의사, 애완동물 미용사, 간호사, 심리 상담사, 사회 사업가 등

D type
놀며 일하는 엔터테이너
(문화, 예체능, 패션 관련 일)

직업: 작곡가, 작사가, 음반 기획자, 매니저, 연극배우, 개그맨, 모델, 가수, 영화배우 등

E type
상상력을 표현하는 감각의 천재
(자신을 표현할 수 있는 방송 관련 일)

직업: 기자, 시나리오 작가, 디자이너, 방송 작가, 헤어/메이크업 스타일리스트, 리포터 등

F type
글로벌 리더
(사교성과 언어 능력, 상황 판단력이 필요한 일)

직업: 호텔리어, 브랜드 매니저, 공인 회계사, 통역사, 부동산 정보사, 스튜어디스 등

한국의 문화

🌲 한국의 옛 그림 속에 나타난 직업

 여러분의 나라에는 어떤 특별한 직업이 있습니까? 간단하게 메모해 보십시오.

일본: 노부코(기모노 입혀 주는 사람)

- 직업에 관한 단어나 문장을 써 보십시오.
- 직업과 관련된 글을 읽고 무엇을 알게 되었습니까?

09 집

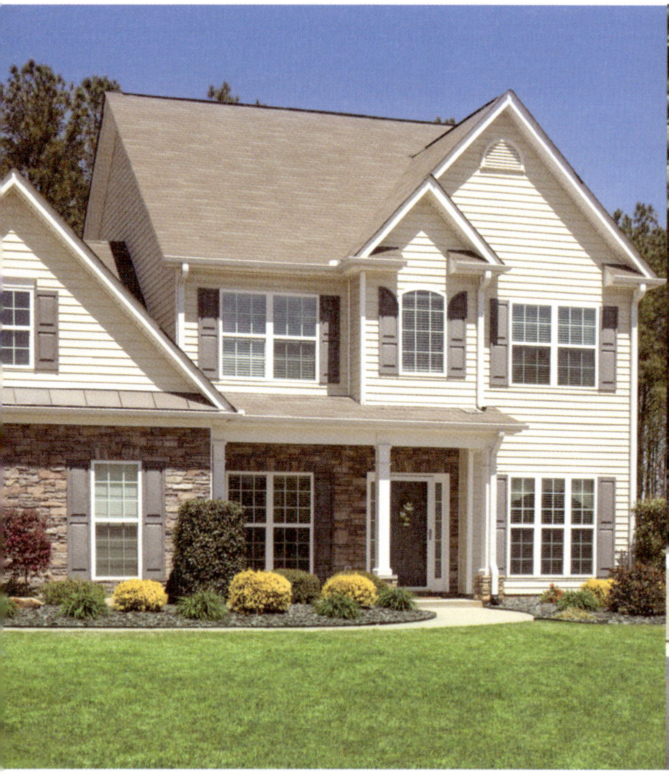

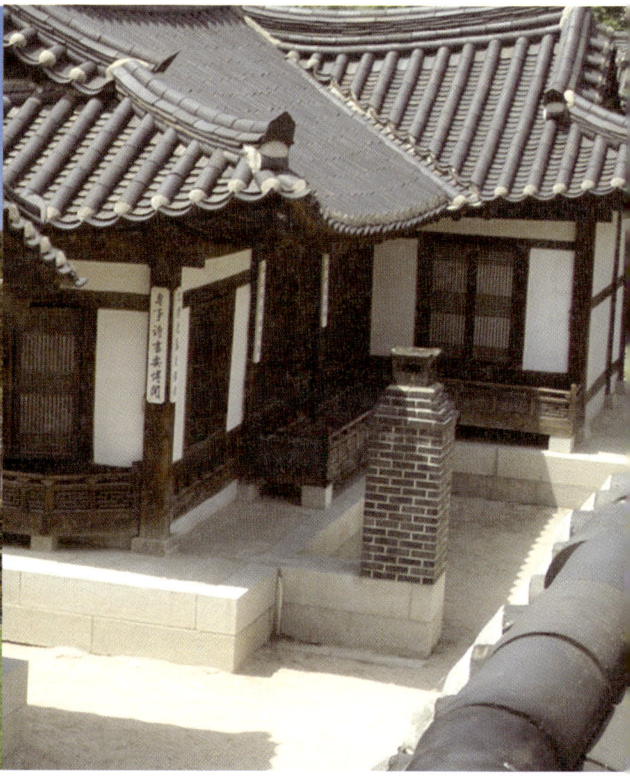

1과 대중문화 · 2과 여행 · 3과 축제 · 4과 건강 · 5과 여가 · 6과 생활 정보 · 7과 교통 · 8과 직업 · 9과 집 · 10과 대인 관계

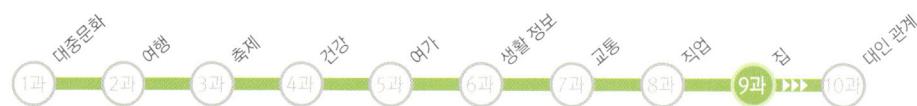

9-1 우리 집
🎯 지금 살고 있는 집에 대해 쓴 글을 읽고 이해할 수 있다.

9-2 한옥의 형태
🎯 한옥의 형태에 대해 설명하는 글을 읽고 이해할 수 있다.

이야기해 보십시오.

1. 여러분은 지금 어떤 집에 살고 있습니까?
2. 여러분 나라에는 어떤 형태의 집이 많습니까?

9-1 우리 집

🎯 지금 살고 있는 집에 대해 쓴 글을 읽고 이해할 수 있다.

1 그림을 보고 알맞은 것을 고르십시오.

마당	침실	담	욕실	현관문	부엌
대문	베란다	차고	현관	거실	지붕

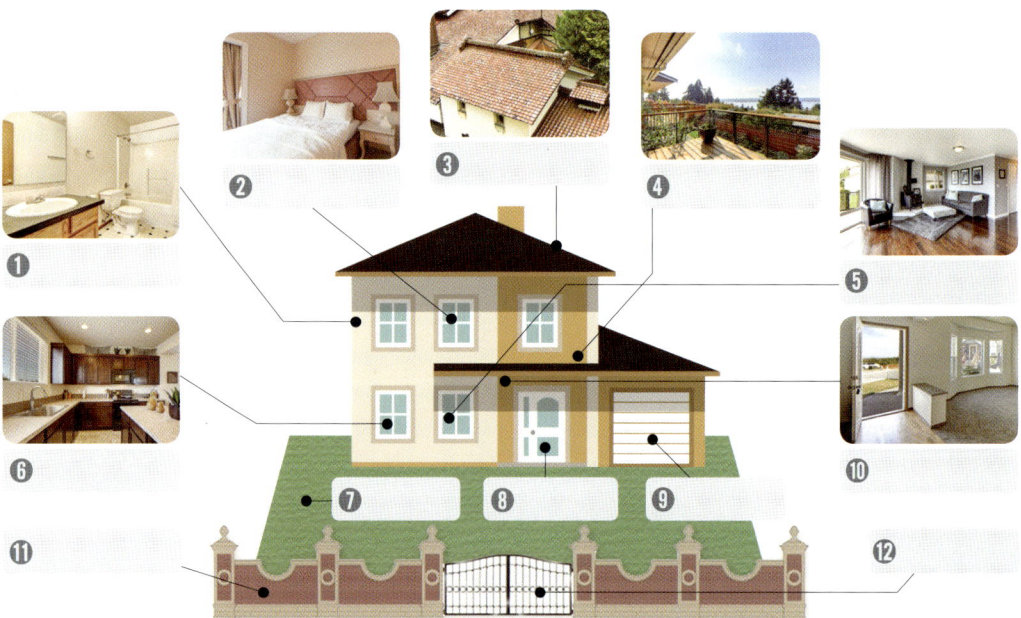

2 여러분은 어떤 집에 살고 싶습니까? 다음과 같이 이야기해 보십시오.

 저는 단독 주택에 살고 싶어요. 넓은 마당에서 꽃도 키우고 잔디밭에서 강아지와 뛰어 놀고 싶어요.

단독 주택	침실	넓다
다세대 주택	욕실	크다
아파트	부엌	깨끗하다
주상 복합	베란다	편리하다
⋮	⋮	⋮

3 다음을 읽고 질문에 답하십시오.

우리 집은 1층짜리 단독 주택이다. 대문을 열고 들어가면 넓은 마당이 있다. 마당을 지나 현관문을 열고 들어가면 바로 거실이 보인다. 거실에는 소파와 탁자 그리고 텔레비전이 있다. 우리 가족은 주말 저녁에 거실에 모여서 영화 보는 것을 좋아한다.

우리 집에는 방이 세 개가 있고 부엌과 화장실이 있다. 가장 큰 방은 부모님이 쓰시고 작은 방 두 개는 나와 언니가 사용한다. 부모님이 쓰시는 안방에는 옷장과 침대, 화장대, 탁자 등이 있고 작은 텔레비전이 하나 있다. 어머니와 아버지는 안방에서 텔레비전을 보시거나 탁자에 앉아 차를 마시며 이런저런 이야기를 나누신다. 그리고 내 방은 우리 집에서 가장 작다. 하지만 나는 내 방이 좋다. 왜냐하면 처음으로 갖게 된 '내 방'이기 때문이다. 이사 오기 전에는 언니와 함께 방을 썼는데 그때는 내 방을 갖는 것이 꿈이었다. 언니는 제멋대로 내 물건을 쓰고 방 청소도 하지 않았다. 그런 언니와 자주 다투기도 했지만 지금 생각해 보면 언니와 함께 방을 쓰던 때가 그립기도 하다. 언니는 재미있는 이야기를 많이 알고 있었는데 그때는 그 이야기를 듣는 재미로 밤이 새는 줄도 몰랐다.

우리 집에서 내가 제일 좋아하는 곳은 부엌이다. 저녁 시간에는 집에서 항상 어머니의 맛있는 찌개 냄새가 난다. 우리 어머니는 요리를 정말 잘하신다. 나는 가끔 어머니를 도와 음식을 만드는데 어머니의 요리 비법을 하나씩 배워 가는 것이 재미있다. 부엌에서 어머니가 요리하시는 모습을 보고 있으면 행복해진다.

1. 이 글을 쓴 사람이 자신의 방을 좋아하는 이유는 무엇입니까?
   ❶ 집에서 가장 작은 방이기 때문에
   ❷ 언니와 함께 방을 사용하기 때문에
   ❸ 처음으로 혼자 쓰게 된 방이기 때문에
   ❹ 예전에 사용하던 방과 비슷하기 때문에

2. 이 글의 내용과 같은 것을 고르십시오.
   ❶ 우리 가족은 저녁마다 함께 영화를 본다.
   ❷ 언니가 방 청소를 하지 않아 자주 싸웠다.
   ❸ 언니는 밤새 내가 하는 이야기 듣는 것을 좋아했다.
   ❹ 어머니는 요리를 잘하시지만 바쁘셔서 자주 못 하신다.

3. 이 글에 알맞은 제목을 만들어 보십시오.

| -짜리 | 단독 | 주택 | 마당 | 화장대 | 탁자 | 이런저런 |
| 나누다 | 제멋대로 | 다투다 | 그립다 | 냄새 | 비법 | |

9-2 한옥의 형태

🎯 한옥의 형태에 대해 설명하는 글을 읽고 이해할 수 있다.

① 다음을 보고 북부 지방, 중부 지방, 남부 지방을 구분해 보십시오.

북부 지방

남부 지방

중부 지방

제주도

② 알맞은 것을 연결하십시오.

① 무더위 · · ㉮ 갑자기 많이 내리는 눈

② 습기 · · ㉯ 습도와 온도가 높아 매우 더운 상태

③ 폭설 · · ㉰ 물기가 많아 젖은 것 같은 기운

3 다음을 읽고 질문에 답하십시오.

> 한옥은 한국의 전통 가옥을 뜻하는 말이다. 한옥의 가장 큰 특징은 온돌과 마루가 있다는 것이다. 하지만 지방에 따라 그 형태가 조금씩 다르게 나타난다.
> 먼저 북부 지방은 춥고 눈이 많이 오는 곳이기 때문에 보통 미음(ㅁ)자 형태로 집을 지었다. 미음(ㅁ)자 형태의 집은 방과 방이 앞뒤로 붙어 있고 마루가 없다. 또한 모든 집안일을 실내에서 할 수 있는 것이 특징이다. 이에 비해 남부 지방은 방과 방을 나란히 옆으로 붙여 짓는 일(一)자 형태의 집이 많다. 남부 지방은 덥고 습기가 많은 지역이어서 바람이 잘 통하는 구조로 집을 지었다. 그래서 북부 지방과는 달리 방과 방 사이에 넓은 마루가 있고 창문이 많다는 것이 특징이다.
> 중부 지방은 북부 지방의 온돌과 남부 지방의 마루가 함께 나타나며 보통 기역(ㄱ)자 형태이다. 중부 지방의 한옥은 남부 지방에 비해 마루가 좁고 창문이 적으며 안방과 부엌이 남쪽을 향하게 짓는 것이 특징이다. 이 지역에서는 미음(ㅁ)자와 일(一)자 형태의 집도 볼 수 있는데 그것은 남부 지방과 북부 지방의 중간 지역에 있어 춥거나 더운 날씨가 공존하기 때문이다.
> 마지막으로 제주도는 남부 지방에서 볼 수 있는 일(一)자 형태의 집이 많다. 그러나 남부 지방과는 달리 이곳은 바람이 많이 불기 때문에 그물 모양으로 지붕을 만들었다. 그리고 지붕 끝에 돌을 달아 지붕이 날아가는 것을 막았다. 또한 기후가 따뜻하여 온돌이 없다는 것이 특징이다.

1. 이 글의 내용과 <u>다른</u> 것을 고르십시오.
   ❶ 북부 지방의 집은 방과 방이 앞뒤로 붙어 있다.
   ❷ 남부 지방은 날씨가 더워 집을 일자 형태로 지었다.
   ❸ 중부 지방은 마루가 좁고 온돌이 없다는 것이 특징이다.
   ❹ 제주도는 바람이 많이 불어 그물 모양으로 지붕을 만들었다.

2. 다음을 정리해 보십시오.

	북부 지방	남부 지방	중부 지방	제주도
집의 형태				
집의 특징				

3. 다음 단어를 이용해서 내용을 요약해 보십시오.
   ❶ 한옥/ 가장/ 크다/ 특징/ 온돌/ 마루/ 있다
   ❷ 각 지방/ 집/ 형태/ 조금씩/ 다르다/ 나타나다

짓다   나란히   습기   구조   향하다   공존하다   그물   달다   날아가다   막다

더 읽어 봅시다

1 다음은 '즐거운 나의 집'입니다. 가사를 읽어 보십시오.

즐거운 나의 집

🔑 오페라 '클라리, 밀라노의 아가씨(Clari, The Maid of Milan)'에 등장하는 곡으로 원곡의 제목은 'Home, Sweet Home'이다. 한국에서는 '즐거운 나의 집'이라는 제목으로 애창되는 노래이다.

2 '즐거운 나의 ○○'이라는 제목으로 노래나 시를 만들어 보십시오.

 # 한국의 문화

 한옥의 부엌에서 볼 수 있는 것

| 부뚜막 | 가스레인지 | 물독 | 정수기 |

한옥의 부엌에 가면 부뚜막을 볼 수 있다. 부뚜막은 솥이나 냄비 등을 올려놓고 가열을 하기 위한 시설로 지금의 가스레인지와 비슷한 것이다. 부뚜막은 불을 피우는 데 시간이 많이 걸린다는 단점이 있지만 가스레인지와는 달리 음식을 만들면서 방을 데울 수 있기 때문에 연료를 절약할 수 있다는 장점이 있다. 한옥의 부엌에서 또 볼 수 있는 것이 물독이다. 물독은 물을 담아 놓는 항아리로 지금의 정수기와 비슷하다. 물독은 부뚜막의 한 부분을 파서 항아리를 묻어 놓거나 부엌 한 쪽에 세워 두었다. 물독에는 아주 작은 구멍이 나 있는데 여기로 공기가 계속 드나들기 때문에 오랫동안 물을 담아 두어도 썩지 않는다는 장점이 있다.

 여러분 나라에서 현대의 집에서 볼 수 있는 것과 과거의 집에서 볼 수 있는 것에 대해 이야기해 보십시오.

생각해 봅니다.
Let's think!

- 집에 관한 단어나 문장을 써 보십시오.
- 집과 관련된 이야기를 읽고 무엇을 알게 되었습니까?

10 대인 관계

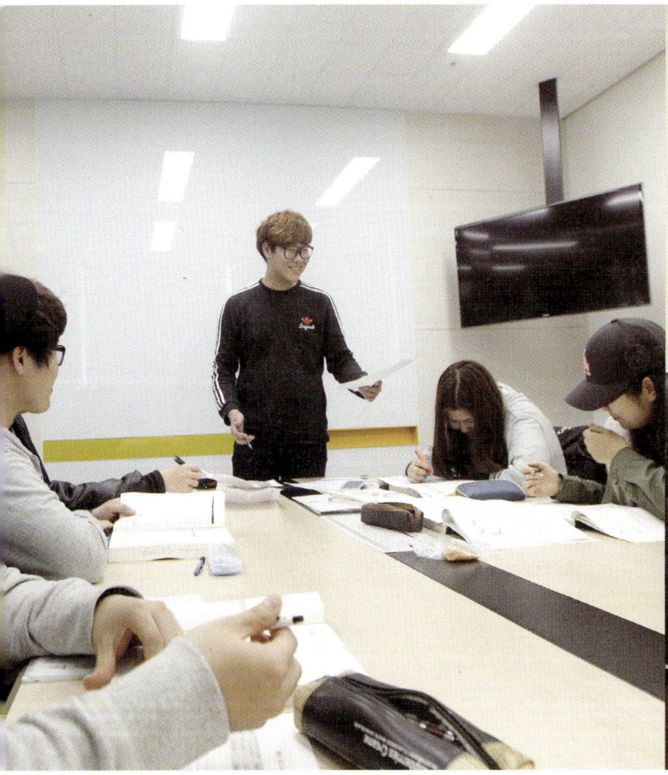

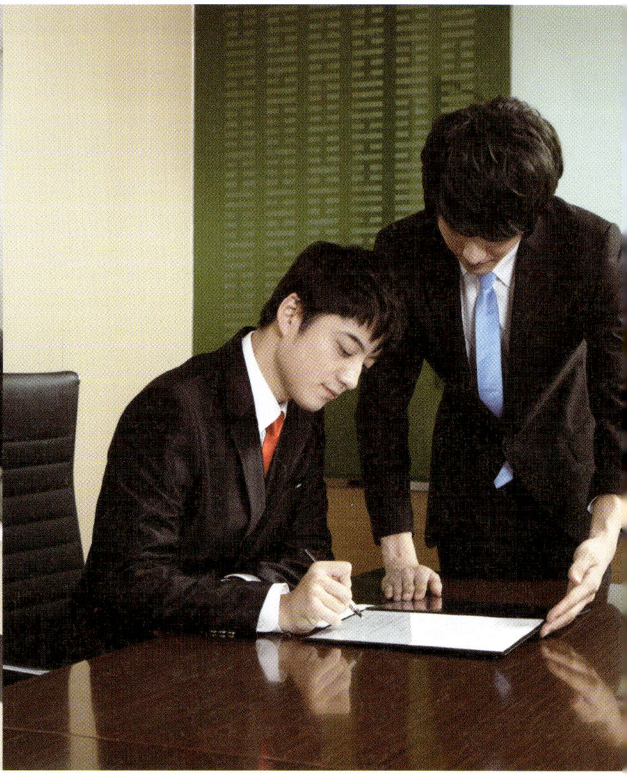

1과 대중문화 · 2과 여행 · 3과 축제 · 4과 건강 · 5과 여가 · 6과 생활 정보 · 7과 교통 · 8과 직업 · 9과 집 · 10과 대인 관계

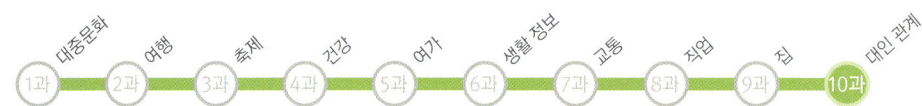

10-1 관계의 출발, 첫인상
🎯 대인 관계에 대한 글을 읽고 이해할 수 있다.

10-2 나 전달법(I-message)
🎯 효과적인 대화법에 대한 글을 읽고 이해할 수 있다.

📢 이야기해 보십시오.

1. 여러분의 삶에서 가장 중요한 사람은 누구입니까?
2. 여러분은 사람들과 좋은 관계를 유지하기 위해 어떤 노력을 합니까?

10-1 관계의 출발, 첫인상

🎯 대인 관계에 대한 글을 읽고 이해할 수 있다.

1 알맞은 것을 고르십시오.

자세　　　옷차림　　　인사법　　　(얼굴 표정)

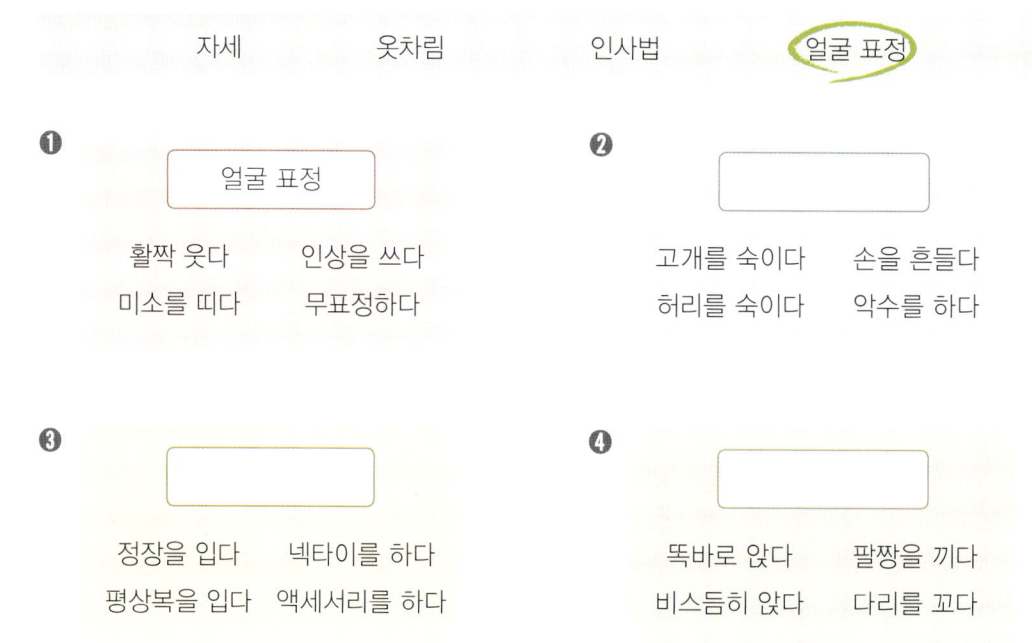

❶ 얼굴 표정
- 활짝 웃다 / 인상을 쓰다
- 미소를 띠다 / 무표정하다

❷
- 고개를 숙이다 / 손을 흔들다
- 허리를 숙이다 / 악수를 하다

❸
- 정장을 입다 / 넥타이를 하다
- 평상복을 입다 / 액세서리를 하다

❹
- 똑바로 앉다 / 팔짱을 끼다
- 비스듬히 앉다 / 다리를 꼬다

2 다음 사람들 중에서 누가 가장 인상이 좋습니까? 이유는 무엇입니까?

❶　❷　❸　❹

3 다음을 읽고 질문에 답하십시오.

> 누군가를 처음 만나면 그 사람에게서 어떤 느낌을 받게 되는데 이를 첫인상이라고 한다. 전문가의 말에 따르면 첫인상이 결정되는 데는 3~10초밖에 걸리지 않는다고 한다. 이렇게 짧은 시간에 결정된 첫인상이 앞으로의 관계에 영향을 미치게 된다. 첫인상에 따라서 앞으로의 관계가 좋을 수도 있고 힘들 수도 있는 것이다.
>
> 그러면 상대방에게 좋은 인상을 주기 위해서 어떻게 하는 것이 좋을까? 첫인상에서 제일 중요한 것은 표정이다. 웃는 얼굴은 상대방의 마음을 열게 한다. 표정이 밝으면 첫 만남에서 오는 긴장감이 풀리고 마음이 편안해진다. 만약 밝은 표정을 짓는 것이 어색하다면 평소에 거울을 보고 표정 연습을 하는 것이 좋다.
>
> 그리고 옷차림도 중요하다. 옷은 '시간, 장소, 상황'에 맞게 입어야 한다. 편한 옷을 입어야 할 때와 정장을 입어야 할 때를 알아야 하는데 친구들과의 가벼운 모임에 갈 때는 청바지 차림도 괜찮지만 격식 있는 자리에 갈 때는 예의가 없어 보일 수 있다. 상황에 맞지 않는 옷차림은 다른 사람에게 좋은 인상을 주기 어렵다.
>
> 좋은 인상을 주기 위해서는 태도 또한 중요하다. 다른 사람을 만나면 먼저 반갑게 인사를 한다. 그리고 대화를 할 때는 바른 자세로 앉아서 상대방의 눈을 보며 이야기하고 상대방이 이야기할 때 고개를 끄덕이며 잘 들어 주는 것이 좋다. 이러한 행동은 상대방에게 호감을 주어 좋은 관계를 형성하는 데 도움이 된다.

1. 첫인상이 중요한 이유는 무엇입니까?

   _____

2. 이 글의 내용과 <u>다른</u> 것을 고르십시오.
   ① 항상 단정한 정장을 입는 것이 좋다.
   ② 좋은 인상을 주려면 태도에도 신경을 써야 한다.
   ③ 표정이 첫인상을 결정하는 데 가장 큰 역할을 한다.
   ④ 표정이 밝지 않은 사람은 평소에 웃는 연습이 필요하다.

3. 다음 단어를 이용해서 내용을 요약해 보십시오.
   ① 짧다/ 시간/ 결정되다/ 첫인상/ 앞으로의 관계/ 영향/ 미치다
   ② 상대방/ 좋다/ 인상/ 주다/ 표정/ 옷차림/ 태도/ 중요하다

   | 첫인상 | 상대방 | 풀리다 | 어색하다 | 격식 | 예의 | 태도 |
   | 바르다 | 호감 | 형성하다 | 마음을 열다 | 고개를 끄덕이다 |

10-2 나 전달법(I-message)

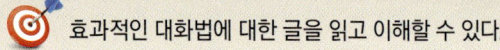 효과적인 대화법에 대한 글을 읽고 이해할 수 있다.

1 알맞은 것을 골라 글을 완성하십시오.

| 갈등을 | 효과적으로 | 구체적으로 |

나는 요즘 진로 문제로 부모님과 [　　　　] 겪고 있다. 나는 한국어를 좀 더 공부한 후에 한국에서 취직하고 싶은데 부모님께서는 빨리 고향으로 돌아오라고 하신다. 부모님께 내 계획을 [　　　　] 말씀드렸는데도 계속 돌아오라고만 하신다. 내가 외국에서 혼자 사는 게 걱정되셔서 그러시는 것은 알겠지만 왜 내 마음을 모르시는 걸까? 부모님을 설득할 수 있도록 내 생각을 [　　　　] 전달할 수 있는 방법은 무엇일까?

2 다음의 관계에서 갈등이 일어나는 경우는 언제입니까? 보기 에서 골라 보십시오.

> 보기
> ❶ 맡은 일을 하지 않고 다른 사람에게 미룰 때
> ❷ 같이 사는 사람이 청소를 하지 않을 때
> ❸ 배우자 선택의 기준이 다를 때
> ❹ 여행을 가려고 하는데 서로 가고 싶은 곳이 다를 때
> ❺ 자녀 교육 방식에 대한 생각이 다를 때

1) 부모와 자식 간:

2) 부부 간:

3) 친구 간:

4) 회사 동료 간:

3 다음을 읽고 질문에 답하십시오.

> '나 전달법(I-message)'은 상대방의 기분을 상하게 하지 않으면서 자신의 생각을 효과적으로 전달할 수 있는 대화법이다. 이것은 상대방의 행동에 대해 '너'가 아닌 '나'를 주어로 해서 자신의 생각이나 감정을 표현하는 것인데 크게 세 단계로 구성된다. 먼저 문제가 되는 상대방의 행동을 구체적으로 이야기하고 그 행동이 나에게 미치는 영향을 이야기한다. 그리고 그 행동에 대해 내가 느끼는 감정과 바라는 것을 솔직하게 표현한다.
>
> 예를 들어 친구와 같이 보고서를 작성해야 하는데 그 친구가 자신이 해야 하는 것을 하지 않고 자꾸 미룬다면 어떻게 할까? 이럴 때 우리는 기분이 상해서 "너는 항상 왜 그러니? 왜 그렇게 무책임하니?"라고 이야기하기 쉽다. 그러나 이때 상대방의 행동에 대해 '항상'이나 '무책임하다' 등과 같이 판단하는 말은 하지 않는 것이 좋다. 이런 말은 상대방의 기분을 상하게 하여 다음 대화를 이어 나가기 어렵다. 상대방의 행동을 판단하는 대신 사실만 객관적으로 이야기하고 자신의 감정과 바라는 것을 이야기한다. "네가 해야 하는 부분을 미뤄서 우리가 제때 보고서를 제출하지 못할까 봐 걱정이 돼. 네가 빨리 해 줬으면 좋겠어."라고 이야기하는 것이다.
>
> 이 대화법은 상대방의 행동을 탓하지 않고 그 행동에 대한 '나'의 감정을 전달하는 것이어서 상대가 반감 없이 자신의 행동을 다시 한 번 생각해 보게 한다. 그리고 서로 마음을 열고 솔직하게 대화를 나눌 수 있게 해 준다.

1. '나 전달법'의 각 단계에서 이야기해야 되는 내용은 무엇입니까?

   문제가 되는 상대방의 ☐ → 나에게 미치는 ☐ → 나의 ☐

2. 맞으면 ◯, 틀리면 ✗ 하십시오.
   ❶ '나 전달법'은 상대방의 행동을 판단하여 말하지 않는 것이다. ( )
   ❷ 상대방의 행동에 대해 사실 그대로 이야기한다. ( )
   ❸ '나 전달법'은 자신의 감정보다 상대방의 감정을 생각하여 말하는 것이다. ( )

3. 다음을 '나 전달법'으로 바꾸어 써 보십시오.

   > "너는 왜 이렇게 맨날 늦어? 늦을 땐 연락이라도 해야 되는 거 아니야?"

| 대화법 | 단계 | 구체적 | 솔직하다 | 작성하다 | 자꾸 | 미루다 | 무책임하다 |
| 객관적 | 제때 | 제출하다 | 탓하다 | 반감 | 기분이 상하다 | 대화를 나누다 |

 ## 더 읽어 봅시다

1 다음은 한국의 시입니다. 읽어 보십시오.

둘이서 함께 가면

조용철

둘이서 함께 가면 추워도 좋습니다.
둘이서 함께 가면 멀고 험한 길이라도 좋습니다.
둘이서 함께 가면 두렵지 않습니다.
함께 갈 수 있는 당신이 있어 행복합니다.
나그넷길 함께 가는 당신이 있어 행복합니다.
그 길 마다 않고 함께하는 당신을 사랑합니다.

-『마음풍경』중에서-

2 다음을 자유롭게 완성해 보십시오.

둘이서 함께 가면 _____

둘이서 함께 가면 _____

둘이서 함께 가면 _____

한국의 문화

 한국인이 개인적인 질문을 하는 이유

몇 살이에요?

고향이 어디예요?

결혼했어요?

무슨 일 해요?

　한국 사람들은 처음 만난 사람에게도 개인적인 질문을 한다. 잘 알지도 못하는 사람에게 왜 이런 개인적인 질문을 할까?

　그 첫 번째 이유는 한국어의 높임법 때문이다. 상대방의 나이와 개인적인 정보를 알아야 말과 호칭을 결정할 수 있는 것이다. 영어에서는 이름만 알면 'Mr.'나 'Ms.'를 붙여 상대방을 부를 수 있지만 한국어는 그렇지 않다. 한국어로 말할 때는 연장자의 이름을 부르지 않고 그 사람의 사회적 위치, 말하는 사람과의 관계에 따라 다양한 호칭을 사용한다. 예를 들어 한 사람이 주어진 환경에 따라서 '선생님, 사장님, 아저씨, 선배님, 아버님' 등으로 불릴 수 있다.

　또 다른 이유는 서로의 공통점을 찾아 친밀감을 형성하기 위해서이다. 거주지, 고향, 학교 등의 이야기를 나누다 보면 두 사람의 공통점을 발견하거나 서로 아는 사람을 찾게 되는 경우가 있다. 이때 두 사람은 친근감을 느끼게 되고 대화가 자연스럽게 이어진다. 한국 사람들은 공식적으로 만났어도 좀 더 인간적으로 가까워지고 싶어 하는 경향이 있다. 이러한 특성 때문에 한국 사람들은 처음 만난 사람에게 개인적인 질문을 자연스럽게 하는 것이다.

 여러분 나라에서는 처음 만난 사람과 어떤 대화를 나눕니까? 간단하게 메모해 보십시오.

생각해 봅니다.
Let's think!

- 대인 관계에 관한 단어나 문장을 써 보십시오.
- 대인 관계와 관련된 글을 읽고 무엇을 알게 되었습니까?

부록

- 모범 답안
- 어휘 색인
- 표현 색인

모범 답안

01 대중문화

1-1 드라마의 인기 덕분에

❸ 다음을 읽고 질문에 답하십시오. (15쪽)
1. ❶, ❹
2. ❶ X
   ❷ X
   ❸ O
3. 드라마에 대한 관심은 패션, 음식, 노래 등으로 이어졌다.

1-2 계절에 어울리는 노래

❷ 다음 상황과 어울리는 노래의 가사를 연결하십시오. (16쪽)
❶ 나
❷ 다
❸ 가

❸ 다음을 읽고 질문에 답하십시오. (17쪽)

1.
여름	가사가 쉽고 멜로디가 단순한 댄스곡이 인기가 있다.
가을	예전에 나온 조용한 발라드곡이 꾸준히 인기를 끌고 있다.
겨울	눈과 관계있는 노래가 인기를 얻고 있다.

2. ❶ X
   ❷ O
   ❸ X
3. 계절에 따라 사람들이 즐겨 듣는 노래가 다르다.

02 여행

2-1 지하철로 떠나는 서울 여행

❸ 다음을 읽고 질문에 답하십시오. (23쪽)
1. 서울 지하철 스탬프 투어
2. ❶ X
   ❷ O
   ❸ X
3. ❶ 지하철로 서울의 관광 명소를 둘러보는 스탬프 투어가 인기를 모으고 있다.
   ❷ 지하철 스탬프 투어 코스를 따라 여행하면 서울을 재미있게 여행할 수 있다.

2-2 설악산에 다녀와서

❶ 다음 일정표를 보고 순서대로 그림에 번호를 쓰십시오. (24쪽)
❷ → ❹ → ❶

❸ 다음을 읽고 질문에 답하십시오. (25쪽)
1. ❸
2. ❶ X
   ❷ O
   ❸ O
3. ❶ 버스로 네 시간 걸려서 설악산에 도착한 후에 기념사진을 찍었다.
   ❷ 지난주에 친구들과 설악산에서 즐거운 추억을 만들었다.

03 축제

3-1 6월, 해운대 모래 축제가 열린다

❷ 다음은 신문 기사 제목입니다. 밑줄 친 부분을 바르게 이해한 것을 연결하십시오. (30쪽)
❶ 나
❷ 가
❸ 라
❹ 다

❸ 다음을 읽고 질문에 답하십시오. (31쪽)
1. ❶
2. ❶ O
   ❷ X
   ❸ X
3. ❶ 부산에서 다음 달 6일부터 나흘 동안 모래 축제가 열린다.
   ❷ 올해는 32개의 다양한 볼거리와 체험 행사가 준비되어 있다.

3-2 세계의 축제

❷ 알맞은 의미를 찾아서 연결하십시오. (32쪽)
❶ 다
❷ 라
❸ 가
❹ 나

❸ 다음을 읽고 질문에 답하십시오. (33쪽)
1. ❶ X
   ❷ O
   ❸ O
2.

국가/ 도시	몽골/ 울란바토르	독일/ 뮌헨	중국/ 하얼빈
축제 이름	나담 축제	옥토버페스트	하얼빈 빙등 축제
축제 기간	7월	9월 말~10월 초	1월
행사 내용	씨름, 말 타기, 활쏘기	맥주 마시기	얼음 조각전

3. 세계의 축제를 보면 그 지역의 문화와 특징을 잘 알 수 있다.

04 건강

4-1 건강한 생활 습관

❶ 다음 건강 상식 중 맞는 것을 고르십시오. (38쪽)
   ❷, ❹, ❽

❸ 다음을 읽고 질문에 답하십시오. (39쪽)
1. ❶ X
   ❷ X
   ❸ O
2. ❶ 서서 활동하기를 한다.
   ❷ 가까운 거리는 자동차를 타는 대신 걸어간다.
   ❸ 자동차를 이용해야 할 경우 멀리 주차한다.
   ❹ 계단을 이용한다.
3. 운동할 시간이 없다면 생활 습관을 바꾸어 보는 것이 좋다.

4-2 스트레스와 건강

❸ 다음을 읽고 질문에 답하십시오. (41쪽)
1. 긍정적으로 생각한다.
2. ❶ O
   ❷ X
   ❸ X
3. 적당한 스트레스는 생활에 도움이 된다.

05 여가

5-1 난타 공연을 보고

❶ 다음을 읽고 알맞은 것을 고르십시오. (46쪽)
   ❶ 뮤지컬
   ❷ 영화
   ❸ 전시회
   ❹ 콘서트

❷ 다음은 어떤 감정을 표현하는 것인지 알맞은 것을 연결해 보십시오. (46쪽)
   ❶ ㉯
   ❷ ㉮
   ❸ ㉯
   ❹ ㉮

❸ 다음을 읽고 질문에 답하십시오. (47쪽)
1. 배우들이 대사가 아닌 몸으로 자신의 이야기를 전달한다는 점
2. ❶ X
   ❷ O
   ❸ O
3. 시간 가는 줄 모를 정도였어요.

5-2 한국인의 여가 생활

❶ 다음을 보고 알맞은 것을 골라 쓰십시오. (48쪽)

바쁘다	바쁘지 않다
정신이 없다	한가하다
밥 먹을 시간이 없다	여유가 있다
눈코 뜰 새가 없다	시간이 남아돌다

❷ 다음 그래프를 보고 빈칸을 채우십시오. (48쪽)
   대상으로, 응답한, 비율을

❸ 다음을 읽고 질문에 답하십시오. (49쪽)
1. 15세 이상의 서울 시민 5만여 명
2. ❸
3. ❶ 서울시는 지난 28일 서울 시민의 여가 생활에 대해 조사한 결과를 발표했다.
   ❷ 조사 결과로 보아 예전에 비해 여가 생활에 대한 관심이 증가하고 있다는 것을 알 수 있었다.

06 생활 정보

6-1 생활 속 팔방미인, 레몬

1 다음을 활용하여 할 수 있는 일을 보기 에서 골라 보십시오. (54쪽)

① 레몬 껍질 냉장고 냄새 없애기, 요리 재료로 사용하기, 차로 끓여 마시기
② 바나나 껍질 가죽 제품 닦기, 요리 재료로 사용하기
③ 참외 껍질 신발 냄새 없애기, 요리 재료로 사용하기
④ 귤 껍질 요리 재료로 사용하기, 전자레인지 청소하기, 차로 끓여 마시기

2 관계있는 것을 골라 연결하십시오. (54쪽)
① 다
② 가
③ 나

3 다음을 읽고 질문에 답하십시오. (55쪽)
1. 요리의 재료로 사용하거나 청소를 하거나 빨래를 할 때 등 생활 곳곳에서 다양하게 활용할 수 있기 때문에
2. ① O
    ② O
    ③ X
3. 〈예시 답안〉
   1단락 생활 속 팔방미인, 레몬
   2단락 음식이나 요리 재료로 사용할 수 있는 레몬
   3단락 생활 곳곳의 냄새를 없애주는 레몬
   4단락 집안일에 활용할 수 있는 레몬

6-2 불면증 극복 방법

3 다음을 읽고 질문에 답하십시오. (57쪽)
1. 스트레스, 긴장감, 불안감 때문에
2. ① O
    ② X
    ③ O
3. ① 잠이 들기 전에 심한 운동은 피한다.
    ② 발을 따뜻하게 한다.
    ③ 침실을 어둡게 한다.
    ④ 잠이 오지 않을 때는 억지로 자려고 하지 말고 마음을 진정시키는 글을 읽는다.
    ⑤ 양파 반 개 정도를 먹거나 양파 향을 맡는다.

07 교통

7-1 지구촌의 독특한 교통수단

1 다음은 다양한 교통수단입니다. 보기 에서 알맞은 것을 골라 쓰십시오. (62쪽)
① 수레   ② 마차   ③ 지프차
④ 여객선   ⑤ 수상 택시 ⑥ 잠수함
⑦ 열기구   ⑧ 헬리콥터 ⑨ 여객기

2 다음의 교통수단과 관계있는 것을 고르십시오. (62쪽)
기차 승차하다, 역, 하차하다, 승차권
비행기 이륙하다, 착륙하다, 공항, 탑승권

3 다음을 읽고 질문에 답하십시오. (63쪽)
1. ① X
    ② O
    ③ O

2.

국가	필리핀	이탈리아	호주	일본
교통수단 이름	지프니	곤돌라	노란색 수상택시	인력거
교통수단 특징	정류장이 따로 없어서 어디에서나 타고 내릴 수 있다. 운전자의 개성을 살려 여러 색과 다양한 장식으로 화려하게 꾸민다.	시내의 물길을 따라 이동한다.	바다 풍경을 감상하고 주요 관광 명소를 둘러볼 수 있다.	인력거를 끄는 사람이 수레에 관광객을 태우고 다니면서 관광지에 대한 설명과 사진 촬영도 해 준다.

3. 그 나라의 교통수단을 이용하면 현지의 문화를 체험 수 있다.

7-2 미래의 교통 수단

1 다음은 미래의 교통수단입니다. 보기 에서 알맞은 것을 고르십시오. (64쪽)
① 무인 버스
② 1인용 비행 장치
③ 비행 기차
④ 비행 배

2 보기 에서 알맞은 것을 고르십시오. (64쪽)
예측을, 개발에, 기대된다

3 다음을 읽고 질문에 답하십시오. (65쪽)
1. ①
2. ① O
    ② X
    ③ X

3. ❶ 미래의 교통수단으로는 무인 자동차, 1인용 비행 장치, 하늘을 나는 배와 기차 등이 있다.
　　❷ 교통수단의 발명은 우리의 생활을 편하게 한다.

08 직업

8-1 직업의 변화

❷ 다음을 보고 빈칸을 채우십시오. (70쪽)
　적성과 능력, 미래 성장 가능성

❸ 다음을 읽고 질문에 답하십시오. (71쪽)
　1. ❸
　2. ❶ O
　　❷ X
　　❸ O
　3. ❶ 시대가 변하면서 직업도 다양해지고 있다.
　　❷ 안정성과 전문성이 높은 직업들은 꾸준히 인기를 얻고 있다.

8-2 직업과 적성

❶ 이 사람들에게 어떤 직업이 어울립니까? 이야기해 보십시오. (72쪽)
　❶ 항공기 조종사
　❷ 여행 작가
　❸ 건축가
　❹ 회계사

❷ 알맞은 의미를 찾아 연결하십시오. (72쪽)
　❶ 나
　❷ 가
　❸ 라
　❹ 다

❸ 다음을 읽고 질문에 답하십시오. (73쪽)
　1. ❷
　2. ❶ X
　　❷ O
　　❸ O
　3. ❶ 이 사람이 건축가가 된 계기는 고등학교 때 나온 적성 검사 결과 때문이었다.
　　❷ 힘든 일도 적성에 맞으면 즐기면서 할 수 있다.

09 집

9-1 우리 집

❶ 그림을 보고 알맞은 것을 고르십시오. (78쪽)
　❶ 욕실　　❷ 침실　　❸ 지붕
　❹ 베란다　❺ 거실　　❻ 부엌
　❼ 마당　　❽ 현관문　❾ 차고
　❿ 현관　　⓫ 담　　　⓬ 대문

❸ 다음을 읽고 질문에 답하십시오. (79쪽)
　1. ❸
　2. ❷
　3. 행복한 우리 집

9-2 한옥의 형태

❷ 알맞은 것을 연결하십시오. (80쪽)
　❶ 나
　❷ 다
　❸ 가

❸ 다음을 읽고 질문에 답하십시오. (81쪽)
　1. ❸
　2.

	북부 지방	남부 지방	중부 지방	제주도
집의 형태	미음(ㅁ)자 형태	일(一)자 형태	기역(ㄱ)자 형태	일(一)자 형태
집의 특징	방과 방이 앞뒤로 붙어 있고 집안일을 실내에서 할 수 있다.	방과 방이 나란히 옆으로 붙어 있다. 방과 방 사이에 마루가 있고 창문이 많다.	온돌과 마루가 있으며 마루가 좁고 창문이 적다. 안방과 부엌이 남쪽을 향한다.	그물 모양으로 지붕을 만들었으며 온돌이 없다.

　3. ❶ 한옥의 가장 큰 특징은 온돌과 마루가 있다는 것이다.
　　❷ 각 지방에 따라 집의 형태가 조금씩 다르게 나타난다.

10 대인 관계

10-1 관계의 출발, 첫인상

❶ 알맞은 것을 고르십시오. (86쪽)
　❷ 인사법
　❸ 옷차림
　❹ 자세

❸ 다음을 읽고 질문에 답하십시오. (87쪽)
  1. 첫인상이 앞으로의 관계에 영향을 미치기 때문에
  2. ❶
  3. ❶ 짧은 시간에 결정된 첫인상이 앞으로의 관계에
       영향을 미친다.
     ❷ 상대방에게 좋은 인상을 주기 위해서는 표정, 옷차림,
       태도 등이 중요하다.

10-2 나 전달법(I-message)

❶ 알맞은 것을 골라 글을 완성하십시오. (88쪽)
   갈등을, 구체적으로, 효과적으로

❸ 다음을 읽고 질문에 답하십시오. (89쪽)
  1. 행동, 영향, 감정
  2. ❶ O
     ❷ O
     ❸ X
  3. 네가 연락도 없이 늦게 와서 걱정했어. 나는 네가 일찍
     왔으면 좋겠고 늦을 때는 연락을 해 줬으면 좋겠어.

어휘 색인

ㄱ

단어	쪽
가능	18
가능성	70
가능하다	66
가득하다	26
가사	17
가열	83
가옥	81
가죽	54
간	88
간단히	51
갈다	43
갈등	88
갈아입다	34
감각	74
감동	50
감상문	45
감상평	47
감상하다	63
감수성	74
감정	46
강하다	27
~개국	15
개그맨	74
개막되다	30
개발	64
개봉	50
개성	74
개인적	91
객관적	89
갯벌	34
거대하다	26
거르다	42
거실	78
거울	71
거주지	91
건물	73
건축	73
건축가	72
건축학과	73
검사	73
격식	87
겪다	88
결정되다	87
결정하다	91
경우	59
경향	91
계곡물	25
계기	73
계산	72
계속하다	71
고깃집	19
고르다	46
고민	74
고백하다	56
고속	65
고혈압	38
곡	17
골목	26
곳곳	33
공간	22
공간지각	72
공무원	70
공식적	91
공존하다	81
공짜	47
공통점	91
과속	46
과정	47
과학	71
관객	18
관계있다	17
관계자	19
관광하다	15
관람	18
관련	19
관련되다	51
관심	49
교사	70
교수	70
교육	88
교통수단	61
교환원	71
구멍	83
구석구석	73
구성되다	23
구조	65
구체적	88
국악	16
굶다	56
규모	26
규칙적	42
그래프	48
그래픽	74
그릇	54
그립다	79
그물	81
극복하다	27
근교	22
근무	70
근육	41
금기	59
금방	74
급여	70
긍정적	65
기간	18
기능사	74
기대하다	47
기록하다	15
기름기	42
기름때	55
기상	71
기술	67
기억	21
기업	64
기운	80
기자	74
기존	71
기준	88
기타	19
기회	25
기획자	74
기후	71
긴장	41
긴장감	41
길거리	26
깨다	64
껍질	55
꼽다	19
꾸다	46
꾸미다	63
꾸준히	17

꿈꾸다	73	다정하다	74	동료	27
끌다	63	다투다	79	동상	25
끓이다	54	닦다	54	동일하다	66
끝내다	41	단계	89	두렵다	90
		단기	41	둘러보다	23
		단독	78	드나들다	83
ㄴ		단말기	66	등	33
나그넷길	90	단발머리	14	따다	24
나누다	48	단순하다	17	떠오르다	19
나들이	49	달다	81	떠올리다	74
나란히	81	달콤하다	56	떨어지다	59
나서다	74	담	78	똑바로	86
나타나다	33	담다	17	뛰어놀다	78
날아가다	65	당시	67	뜨다	65
남녀노소	31	당일	18	뜻	33
남다	21	당황하다	72		
남부	80	닿다	55		
남해안	15	대(代)	48	**ㄹ**	
낯설다	74	대량	67	레몬	55
내내	47	대문	78	레슬링	34
내달	30	대사	47	록	16
내용	34	대상	19	리더	74
냄새	54	대상자	49	리터	33
널다	54	대신	39	리포터	74
널리	59	대인	84		
넘어지다	16	대중	61		
노선	23	대중문화	13	**ㅁ**	
논리적	74	대표적	17	마다하다	90
놀이	73	대화	87	마당	78
농수산물	26	대화법	89	마루	81
높이다	41	더럽다	55	마르다	58
높임법	91	더욱	49	마사지하다	43
누구나	31	더하다	63	마음껏	78
눈부시다	67	덕분	14	마차	62
느낌	87	데우다	83	마침	47
늘다	15	도구	47	막다	55
늘어서다	26	도둑	46	만약	87
능력	72	도로	27	만화	30
능률	41	도보	24	맡다	88
		도수	33	매년	31
		도심	22	매진되다	15
ㄷ		도움	39	매표소	18
다가오다	16	도전	31	맨날	89
다들	50	도전하다	27	먹거리	26
다세대	78	독특하다	19	먹을거리	23
다이아몬드	46	돌리다	54	먹자골목	26

멀리	39	반감	89	불판	19
멜로디	17	반드시	66	불편하다	65
명소	23	발견하다	91	붓다	58
명칭	33	발라드	16	붙이다	91
모델	74	발명	65	브랜드	74
모래	31	발표하다	49	블로그	72
모양	72	밤새	74	비다	58
모이다	79	방방곡곡	32	비법	79
모형	73	방송	74	비스듬히	86
목욕하다	59	방송인	70	비율	48
목적지	65	방식	88	비치다	16
몰다	56	방향	26	비타민C	55
몰리다	15	배경	63	빛	33
몸속	55	배구	51	빠지다	38
무대	47	배달	19	뽑다	74
무더위	80	배우자	88	뿌리다	58
무인	64	뱃사공	63		
무책임하다	89	벚꽃	17	**ㅅ**	
무척	33	베란다	78		
무한	19	변하다	71	사교성	74
문구	24	변함없이	71	사라지다	71
문지르다	43	변호사	70	사례	65
문지방	59	변화	39	사생활	74
문학	24	별	49	사실	89
문화적	59	별로	50	사업가	74
묻다	83	보고서	89	사항	59
물걸레	58	보이다	48	사회적	91
물기	80	보호하다	38	사회현상	74
물길	63	복지사	71	산업	67
물독	83	볶다	26	살리다	23
물론	15	볼거리	23	살펴보다	49
물장수	71	봉사	74	삶	73
물체	72	부담	26	삶다	54
미끄럽다	59	부드럽다	55	상담	71
미다스	74	부뚜막	83	상담사	74
미루다	88	부부	88	상대방	87
미역	59	부분	89	상상력	74
미용사	74	부정적	65	상설	26
민간요법	43	부츠	14	상식	38
및	49	북부	80	상영	50
		분석하다	71	상용화	65
ㅂ		분야	55	상큼하다	55
		분위기	70	상하다	55
바라보다	16	불꽃놀이	30	상황	27
바로	27	불면증	42	새롭다	71
바위	25	불안감	56	새우다	73

색다르다	63	숙박	32	안정성	70
생겨나다	71	순	51	알려지다	26
생기다	15	순간	72	알리다	15
생산하다	67	순수	67	알코올	33
서다	39	숲	25	앞두다	56
서로	91	스스로	65	애정	73
서투르다	74	스타일리스트	74	액세서리	32
석식	24	스튜어디스	74	양파	57
섞이다	50	습기	80	어둡다	57
선실	59	습도	80	어색하다	87
선착순	23	승차권	62	어시장	24
선택	70	승차하다	62	어울리다	17
선택하다	19	시나리오	74	억지로	57
설거지	54	시내	67	언어능력	72
설계도	73	시대	71	얻다	27
섬	15	시민	49	얼음	30
섬세하다	74	시설	59	업무	57
섭취	55	식욕	74	없애다	43
성공적	30	식히다	43	엔지니어	74
성공하다	19	신기하다	25	엔터테이너	74
성장	70	신나다	17	여	49
성장하다	67	신문지	58	여가	45
성취감	27	신부	46	여객기	62
세(나이)	49	신분증	18	여객선	62
세우다	26	신청하다	23	여성	48
세재	55	실내	81	여유	48
소방	65	실망	50	여유롭다	49
소시지	33	실수	72	여전히	49
소장	73	실시하다	49	역사	22
소파	79	실제	72	연결하다	59
소화	38	심다	27	연계	24
속	54	심리	74	연극배우	74
손자	46	심하다	56	연령	49
손톱	59	싱겁다	42	연료	83
솔직하다	89	싱싱하다	24	연예인	71
솔직히	47	썩다	83	연장자	91
솥	83	쓸다	54	열기구	62
수레	62	씨름	33	열리다	30
수리	72	-씩	79	열차	65
수면	57			염원	27
수명	71			영향	15
수상	62	ㅇ		예방하다	38
수예	26	아나운서	70	예상하다	71
수입	49	아쉽다	47	예술	49
수출	67	악수하다	86	예술가	74
숙면하다	57	안내문	34	예의	87

예전	17	이벤트	74	장식	63
예정	50	이불	56	장점	65
예체능	74	이색	22	장치	64
예측	64	이어지다	15	재능	55
오락	50	이용하다	31	재즈	16
오랜	49	이후	31	재활치료사	71
오랫동안	71	인간적	91	저렴하다	63
오르다	16	인내심	27	적성	69
오븐	55	인명	65	적용	66
오히려	41	인사법	86	전국	24
온도	80	인상	87	전달하다	47
온돌	19	인상적	47	전문	71
옷차림	17	인생	27	전문가	87
왕	46	인증	23	전문성	71
외롭다	16	인테리어	74	전문용어	74
욕실	78	일과	57	전시회	32
용기	16	일반인	31	전자레인지	54
용품	26	일부	46	전자출판	74
우선	57	일상생활	57	전통적	59
운송	65	일자	18	절대	50
운영	18	일주	24	절약하다	83
울리다	50	입맛	40	젊다	33
움직이다	46	입장	18	젊은이	26
원인	41	입장객	30	젊음	22
웹	74			~ 점	33
위	38			접수	34
위험하다	41	**ㅈ**		접촉하다	66
유리창	58	자꾸	89	정도	48
유용하다	58	자녀	88	정리	72
유의	18	자랑하다	26	정보사	74
유일무이	32	자세	86	정수기	83
유지하다	85	자식	88	정식	33
유통기한	58	자신감	27	정신	74
유행하다	15	자연스럽다	91	정장	86
유효	66	자유롭다	90	정하다	41
육류	42	작	50	정확하다	72
육체적	73	작가	72	젖다	80
음반	74	작곡가	74	제거되다	55
음주	42	작사가	74	제공하다	71
응답자	19	작성하다	89	제대로	57
응답하다	19	작품	33	제도	66
의견	19	잔치	47	제때	89
의지	27	잠들다	57	제멋대로	79
이동하다	18	잠수함	62	제출하다	89
이루어지다	51	장르	16	제품	54
이륙하다	62	장면	47	제한되다	18

조각	....	33
조각가	....	31
조각전	....	31
조각하다	....	31
조건	....	70
조리	....	47
조립하다	....	67
조사	....	49
조사하다	....	48
조종사	....	72
졸업하다	....	73
종이	....	73
좌석	....	18
주고받다	....	27
주방	....	26
주상 복합	....	78
주어	....	89
주어지다	....	91
주요	....	63
주인공	....	14
주전자	....	55
주제	....	31
주차하다	....	39
주택	....	78
죽음	....	59
준비물	....	34
줄다	....	49
줄어들다	....	55
줄이다	....	33
줄짓다	....	27
중	....	51
중립적	....	65
중부	....	80
중식	....	24
즉석	....	26
즐기다	....	17
증가하다	....	49
증상	....	38
지구촌	....	61
지루하다	....	50
지방	....	55
지붕	....	78
지속적	....	67
지속하다	....	39
지정	....	18
지참하다	....	18
지프차	....	62
직장	....	39
직후	....	65
진로	....	88
진하다	....	50
집안일	....	55
집중력	....	41
-짜리	....	79
찜질방	....	19

ㅊ

차고	....	78
차량	....	66
차림	....	87
착륙하다	....	62
참고하다	....	48
참여	....	47
참여하다	....	47
창	....	73
찾아오다	....	26
채우다	....	48
책임감	....	72
천사	....	74
천재	....	74
첫눈	....	16
첫인상	....	86
청소기	....	54
체하다	....	43
체험	....	22
체험장	....	34
촉촉하다	....	58
촬영지	....	15
최고	....	50
최대한	....	39
추억	....	25
출연	....	18
충분히	....	47
취직하다	....	88
취침	....	57
치료	....	43
치르다	....	51
친근감	....	91
친밀감	....	91
친환경적	....	31
침구	....	26
침착하다	....	72

ㅋ

캐스터	....	71
컨설턴트	....	71
코디네이터	....	74
코스	....	21
코피	....	38
큐레이터	....	74
크기	....	72
클래식	....	16

ㅌ

타이피스트	....	71
탁자	....	79
탑승	....	66
탑승권	....	62
탓하다	....	89
태도	....	87
태우다	....	63
통역사	....	74
통일	....	27
통쾌하다	....	50
통하다	....	81
투어	....	22
트레이너	....	71
트로트	....	16
특색	....	23
특성	....	59
특이하다	....	47

ㅍ

판단력	....	74
판단하다	....	72
판매	....	15
팔리다	....	33
팔방미인	....	54
팬미팅	....	15
퍼레이드	....	30
펀드매니저	....	70
~ 편	....	15
편리하다	....	64
편안하다	....	57

평균	71	향하다	81	힘들다	16
평론가	74	험하다	90
평면	72	헬리콥터	62
평상복	86	헬스	71
평소	41	헹구다	54
평점	50	현관	78
폐기물	31	현관문	78
폐막	30	현대인	39
포스터	46	현장	73
폭설	80	현지	25
폭식	40	혈액순환	43
표정	47	형성하다	87
표현하다	46	형제	67
풀리다	87	형태	63
풍경	25	형형색색	32
풍부하다	74	혜택	18
프러포즈	63	호감	87
프로	51	호기심	74
프로그래머	74	호르몬	41
피우다	83	호칭	91
피하다	57	화려하다	30
		화상	43
ㅎ		화장대	79
		환경	56
하이라이트	31	환승	66
하차하다	62	활동하다	39
하품하다	50	활쏘기	33
한가하다	48	활용되다	55
한옥	77	활짝	86
한의사	74	황제	67
한참	25	회계사	72
한편	17	회식	19
할인	66	회차	18
항공기	72	활용되다	55
항아리	83	횟수	66
해결하다	57	효과	39
해내다	27	효과적	55
해당하다	56	후회	50
해돋이	35	훌륭하다	74
해변	17	훨씬	58
해소하다	42	휴식	49
해운대	31	흔히	63
햇살	73	흡연	42
행동	46	희망하다	49
행사	31	힐링	22
향기	55	힘내다	41

표현 색인

ㄱ

고개를 끄덕이다 87
고개를 숙이다 16
관심을 끌다 64
기분이 상하다 89
긴장을 풀다 57

ㄴ

나이가 들다 49
눈이 부시다 16
눈코 뜰 새가 없다 48

ㄷ

다리를 꼬다 86
대화를 나누다 89
도움이 되다 55
도자기를 빚다 32
뒤를 잇다 19

ㅁ

마음을 열다 87
멍이 들다 43
미소를 띠다 86

ㅅ

사랑을 고백하다 16
소원을 빌다 25
속이 아프다 38
손을 따다 43
시간 가는 줄 모르다 47
시간을 내다 39
시간이 남아돌다 48
신경을 쓰다 74

ㅇ

어깨를 들썩거리다 46
얼굴을 찌푸리다 46
얼굴을 찡그리다 86
여유가 있다 48

영향을 미치다	15
이름이 붙다	26
인기를 끌다	17
인기를 모으다	24
인기를 얻다	17
인상 깊다	19
인상을 쓰다	86

ㅈ

자세가 바르다	87
잠이 들다	57
장을 보다	39
정신이 없다	48
즐겨 먹다	56

ㅋ

콧노래가 나오다	46

ㅌ

티끌 모아 태산	39

ㅍ

팔짱을 끼다	86
피로를 풀다	55

ㅎ

하품이 나오다	46
허리를 숙이다	86

집필

이정희 경희대학교 교육대학원 외국어로서의 한국어교육 전공 교수
    문학 박사

김중섭 경희대학교 국어국문학과 교수
    문학 박사

조현용 경희대학교 교육대학원 외국어로서의 한국어교육 전공 교수
    문학 박사

김일란 경희대학교 국제교육원 한국어교육부 강사
    경희대학교 교육대학원 외국어로서의 한국어교육 석사

박선희 경희대학교 국제교육원 한국어교육부 강사
    경희대학교 국어국문학과 한국어학 박사 수료

김지영 경희대학교 국제교육원 한국어교육부 강사
    한국외국어대학교 국어국문학과 외국어로서의 한국어교육학 박사 수료

읽는 바로 한국어 3
Get It Korean Reading

초판 1쇄 발행 2019년 6월 1일
3쇄 발행 2025년 4월 3일

지은이 이정희, 김중섭, 조현용, 김일란, 박선희, 김지영
펴낸이 박영호
기획팀 송인성, 김선명
편집팀 박우진, 김영주, 김정아, 최미라, 전혜련, 박미나
관리팀 임선희, 정철호, 김성언, 권주련
펴낸곳 (주)도서출판 하우

주소 서울시 중랑구 망우로68길 48
전화 (02)922-7090
팩스 (02)922-7092
홈페이지 http://www.hawoo.co.kr
e-mail hawoo@hawoo.co.kr
등록번호 제2016-000017호

값 13,000원 (MP3 포함)
ISBN 979-11-88568-97-0 14710
ISBN 979-11-88568-94-9 (set)

* 이 책의 저자와 (주)도서출판 하우는 모든 자료의 출처 및 저작권을 확인하고 정상적인 절차를 밟아 사용하였습니다.
  일부 누락된 부분이 있을 경우에는 이후 확인 과정을 거쳐 반영하겠습니다.

* 이 책은 저작권법에 따라 보호받는 저작물이므로 무단전재와 무단복제를 금지하며,
  이 책 내용의 전부 또는 일부를 이용하려면 반드시 저작권자와 (주)도서출판 하우의 서면 동의를 받아야 합니다.

🎧 **MP3 다운로드** www.hawoo.co.kr 접속 후 '자료실'에서 다운로드